中国期货业协会期货投资者教育专项基金资助

"讲故事 学期货"金融国民教育丛书

场外衍生品

"讲故事 学期货"金融国民教育丛书编写组◎编

中国财经出版传媒集团
中国财政经济出版社

图书在版编目（CIP）数据

场外衍生品 /“讲故事　学期货”金融国民教育丛书编写组编. --北京：中国财政经济出版社，2021.9（2022.7重印）
（“讲故事　学期货”金融国民教育丛书）
中国期货业协会期货投资者教育专项基金资助
ISBN 978－7－5095－7091－3

Ⅰ.①场…　Ⅱ.①讲…　Ⅲ.①金融衍生产品－金融投资－通俗读物　Ⅳ.①F830.9－49

中国版本图书馆 CIP 数据核字（2016）第 280063 号

责任编辑：马　真　　　　责任校对：徐艳丽
封面设计：田　晗　　　　版式设计：董生平

场外衍生品
CHANGWAI YANSHENGPIN

中国财政经济出版社 出版
URL：http：//www.cfeph.cn
E－mail：cfeph@cfeph.cn

社址：北京市海淀区阜成路甲 28 号　邮政编码：100142
营销中心电话：010－88191522
天猫网店：中国财政经济出版社旗舰店
网址：https：//zgczjjcbs.tmall.com
北京时捷印刷有限公司印刷　各地新华书店经销
成品尺寸：186mm×210mm　24 开　6 印张　120 000 字
2021 年 9 月第 1 版　2022 年 7 月北京第 2 次印刷
定价：26.00 元
ISBN 978－7－5095－7091－3
（图书出现印装问题，本社负责调换，电话：010－88190548）
本社质量投诉电话：010－88190744
打击盗版举报热线：010－88191661　QQ：2242791300

前　言

近年来，我国期货市场运行质量不断提高，价格发现和风险管理的基础功能得到发挥，在优化资源配置、促进产业升级、提升经济运行效率、维护国家经济金融安全等方面发挥着越来越重要的作用。在新品种不断推出、新业务持续发展、国际化进程稳步推进的大背景下，不仅是机构客户、产业链企业、高净值人群出于规避价格波动风险的迫切需求，将期货这一对冲工具放入资产配置的篮子之中，以期平衡资产收支、实现财富管理目标，一些中小投资者也被价格波动带来的投资机会吸引，成为市场的参与者和流动性的贡献者。

我国投资者群体普遍缺乏系统的金融知识教育，风险识别能力和风险承受能力不高，容易产生投资过程中的非理性行为，不仅造成自身的财务风险，也给市场稳定和金融安全造成隐患。从世界范围来看，随着各国金融消费规模的不断增加和金融创新的快速发展，金融商品或服务日益复杂化，金融知识教育作为对消费者的一种预防性保护，得到了越来越多国家的重视和强化。期货及期权合约的杠杆性、复杂性和投机性，决定了其“高风险、高收益”的特点，将期货知识纳入金融国民教育体系，是一项具有行业前瞻性的工作。

根据国务院办公厅《关于进一步加强资本市场中小投资者合法权益保护工作的意见》（国办发〔2013〕110 号）的有关要求，在中国证监会、教育部联合印发的《关于加强证券期货知识普及教育的合作备忘录》的指导下，期货行业在落实“加大普及证券期货知识力度”“将投资者教育逐步纳入国民教育体系”方面开展了多种探索和实践。由中国期货业协会期货投资者教育专项基金资助编写的《“讲故事　学期货”金融国民教育丛书》就是将复杂的金融知识以尽可能通俗易懂的方式向公众传播的有益尝试。丛书作为系统介绍我国期货市场的基础性教育普及读物，以广大普通投资者为服务对象，满足对期货市场缺乏了解的个人或企业的需求。丛书在编写上突出“讲故事　学期货”的特色，在编写形式上多引用案例故事，形式活泼；在语言上通俗易懂，可读性强；在内容上以“风险教育”为主线，深入浅出，不仅对期货市场的起源发展、交易方法、交易品种等基本知识进行了讲解，而且对期货市场的组织架构、法律法规、风险监管等环节也进行了全方位解读；还考虑到期货行业未来的发展趋势，对期权、场外衍生品等投资者感兴趣的话题作了前瞻性介绍。

衷心希望本套丛书的出版能够为期货投资者了解期货市场、树立风险意识、理性参与期货交易提供有益的帮助。

“讲故事　学期货”金融国民教育丛书编写组

2021 年 8 月

目 录

互换的虎啸龙吟

场外期权的独有千秋

“保险＋期货”之风举云飞

场外衍生品之另类杂谈

引　言

众所周知，2008年以来的次贷危机给全球经济带来了长期的负面冲击。美欧政府及监管机构事后对金融市场结构、衍生品和风险防范方面的讨论让“场外衍生品”走入了人们的视线。虽然，场外衍生品市场并不是引起此次危机的核心原因，但其产品及市场的复杂性和不透明性，以及监管的缺失，使得市场参与者无法清晰地了解相应的基础资产的风险状况，从而过度投机，增加了市场系统性风险，加剧了危机。另外，场外衍生产品以较低的成本，在交易者之间实现风险对冲和转移，吸引了众多参与者的目光，同时其天然的高杠杆性，也放大了人类的贪婪和恐惧。历史上由于大规模的衍生品投机所产生的恶果至今令人记忆犹新，特别是近年来国内外众多大型企业应用衍生品产生的巨亏事件，使得更多人以为金融衍生产品可能导致金融体系的崩溃。

然而，场外衍生品的发展并不是风险的万恶之源，而是风险管理的必备工具。并且，其发展为繁荣金融市场做出了巨大贡献。国际清算银行（BIS）统计数据显示，目前场外衍生品的规模占到了全球衍生品市场的90%左右，远远高于场内衍生品市场规模。我们不能因噎废食，特别是在投资日益国际化的大背景下，忽视利用衍生产品的对冲和价格发现功能，才是最大的风险。

本书试图向读者介绍以股票、商品、利率、汇率、信用等为标的产品的场外衍生品以及我国场外衍生品的种类和市场发展。重点尝试解释怎样应用场外衍生品来进行实体企业的风险管理。应用场外衍生品进行风险管理已经是大势所趋，场外衍生产品在金融创新业务中的重要性也日益凸显，为了能够更好的应用这一创新工具，我们首先需要加强对场外衍生产品的研究和学习，培养高素质的金融人才，增强高风险管理人员的业务技能。因此，本书希望能在中国场外衍生品市场高速发展的状况下，能够给普通的读者进行场外衍生品知识的入门普及，给场外衍生品市场的参与者、研究者在应用和风险管理方面提供有益的参考。

场外衍生品的前世今生

1. 场外衍生品从何而来

如果你想了解场外衍生品，那么你首先要对衍生品的概念和其分类有大概的认识。一般而言，衍生品是指在原生品的基础上，派生出来的可交易、有价值的产品。比如说，通过资产证券化过程可知，股票具有可交易、有价值的特征，可以视之为股东权利对应的企业资产的衍生品。这里股权和企业资产是原生品，也就是基础资产，而股票是衍生品。但如果我们将股票视之为基础资产，则可以衍生出来股票期货、股票期权、股指期货、股指期权等一系列的衍生品。衍生品的分类广泛，按产品种类分可分为金融衍生品、艺术衍生品、文化衍生品等等。本书重点关注金融衍生品，特别是金融场外衍生品。如果没有特殊说明，本书以下内容提到的场外衍生品均指金融场外衍生品。

衍生品按交易场所分为：场内衍生产品和场外衍生产品。场内市场，又称为交易所市场（Exchanged Traded Deriveatives，ETD），指所有的供需方集中在固定的场所（交易所）进行竞价交易。交易所作为交易中间方，收取交易保证金并承担履约担保。在交易所交易的金融产品一般为事先设计好的标准化合约，投资者根据自身的需求选择最接近的合约进行交易。由于合约标准化、交易者交易场地集中，一般情况下，市场流动性较高。场外市场，也称为“柜台交易市场”（Over the Counter，OTC），最早源于银行兼营股票买卖业务，在柜台向客户出售股票，是最古老的证券交易市场。如今的 OTC 市场已不是传统意义的柜台交易市场，是指交易者通过私下直接议价的交易方式进行交易的场所，与交易所的集中交易方式相区别。这种交易方式的优势在于可以根据投资者的不同需求设计不同的产品满足投资者个性化的风险管理、投资等需求。在传统的场外交易市场，交易者通过电话或者电脑网络，一般经过双方协商确定价格进行交易，如今，部分场外市场也可以公开竞价。因此，场外衍生品是在场外市场交易的衍生品，典型的产品包括远期和互换等，而场内衍生品主要为标准化产品，最具有代表性的产品有期货、期权等。表 1 反映了两个市场的对比。

表 1　　场外市场（OTC）与场内市场（ETD）的对比

	OTC 市场	ETD 市场
交易场所	分散的无形市场	固定的交易场所
组织方式	做市商制度	经纪人制度
交易方式	议价	公开竞价
合约形式	非标准化合约	标准化合约
监督方式	行业自律为主	政府监督为主
主要交易品种	远期、互换	期货、期权

资料来源：2015 年全球金融衍生品市场发展报告。

衍生品的历史悠久并超过大多数人的想象，有人说《创世纪》第 29 章记录的雅各布（Jacob）用为拉本（Laban）工作 7 年换取迎娶他的女儿的权利——期权为最早的衍生品，也有人认为古美索不达米亚时期，美索不达米亚人通过与其他地区的人签订未来食物供应的合约——在合约签订时，买方即向卖方支付价款（可以是谷物，也可以是银币），而卖方则在收获谷物或其他作物后以实物形式偿还贷款（交割）——远期为最早的衍生品。不管怎么说，衍生品市场都至少拥有了将近 4000 年的历史。

在之后的很长一段时间里，衍生品虽然取得了长足的发展，但一直发展缓慢、默默无闻，直到 20 世纪 70 年代，随着经济全球化的发展，特别在布雷顿森林体系瓦解后，浮动汇率代替了固定汇率，并且不少国家逐步放松了利率管制，全球金融自由化的浪潮导致各国汇率、利率的剧烈波动，金融市场风险不断增大，传统的财务风险管理制度已经不能满足人们的需求，迫切需要一种方式来有效地管理、规避风险。金融机构不断地创立新的金融工具以满足跨国企业、贸易商、交易者规避风险的需求，金融衍生品获得了前所未有的蓬勃发展。

2000 年欧元的使用极大地促进了衍生品市场的发展，特别是利率衍生品市场。2000 年以前，很多专业人士，包括 FIA 的衍生品专家、年度市场报告主要撰写人 Galen Burghardt 都曾经预测欧元的推出会使得利率产品的交易量有所下降，而实际情况是，欧元的推出造就了更广阔和更具流动性的市场，推动了欧洲衍生品市场，特别是利率衍生品市场的持续高速发展。图 1 为国际清算银行统计的场外衍生产品市场未平仓名义金额历史变动图。

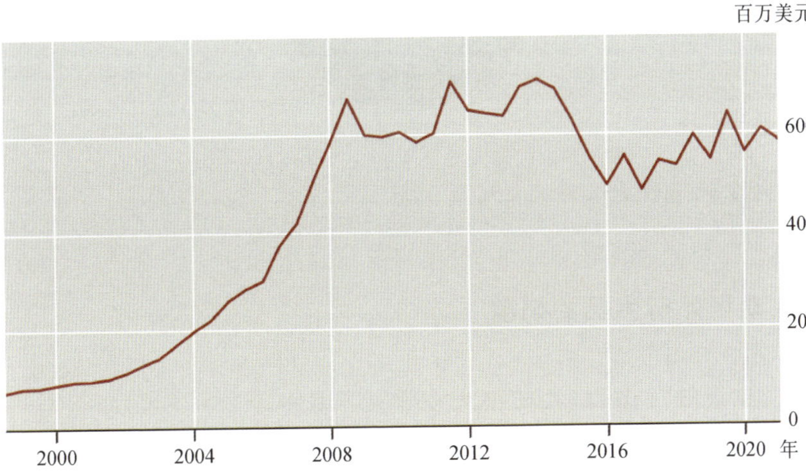

图 1　场外衍生产品市场未平仓名义金额

资料来源：国际清算银行（BIS：Bank for International Settlements）。

场外衍生产品市场规模较交易所市场规模要大，截至 2020 年年底，场外衍生产品市场的未平仓名义金额为 582 万亿美元，交易所的未偿付名义本金为 66 万亿美元。但这两者不能直接比较，因为在场外 OTC 市场，投资者的平仓操作会被统计为新的交易，而不像交易所市场中那样被冲销掉，所以 OTC 市场的数据往往被夸大。

据 BIS 统计，截至 2020 年年底，在场外衍生产品的未平仓名义金额中，按交易对象划分：利率类衍生品占了绝大比重，为 80.15%；其次是外汇类衍生品，占到 16.76%；第三是信用违约互换（Credit Default Swap，CDS），CDS 是进入 21 世纪发展最快的金融衍生品，占到 1.44%。如图 2 所示。

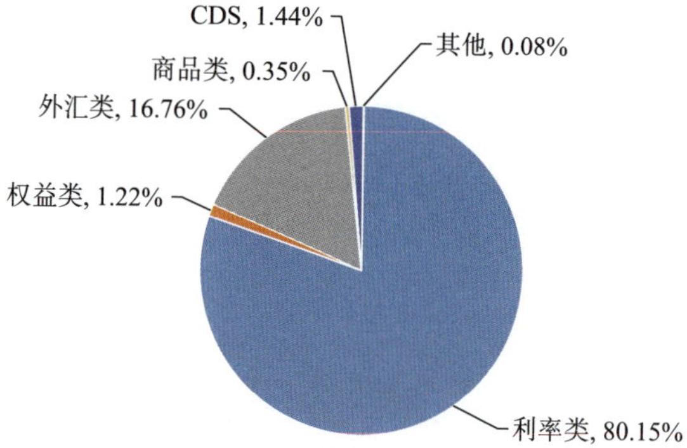

图 2　2020 年年底场外衍生品市场按标的资产分类比重

资料来源：国际清算银行（BIS：Bank for International Settlements）。

2. 是谁在动场外衍生品的奶酪

国际清算银行（BIS）按照报告交易商、其他金融机构和非金融机构来划分场外金融衍生品市场。报告交易商主要是以商业银行和投资银行为主，他们是整个场外金融衍生品市场的核心，起着主导作用。从图 3 可以看出，在 2008 年金融危机以后的两年时间里，以银行（包括投资银行）为代表的报告交易商的未平仓金额明显减少，而其他金融机构和非金融机构的未平仓金额虽少量减少，但市场份额增加。2010年以后，场外金融衍生品市场重新得到快速发展，以银行（包括投资银行）为代表的报告交易商的未平仓金额和占比明显增加。同时，以基金公司和保险公司为代表的其他金融机构的未平仓金额也在增加，但是由于增长速度低于报告交易商，市场占比降低。

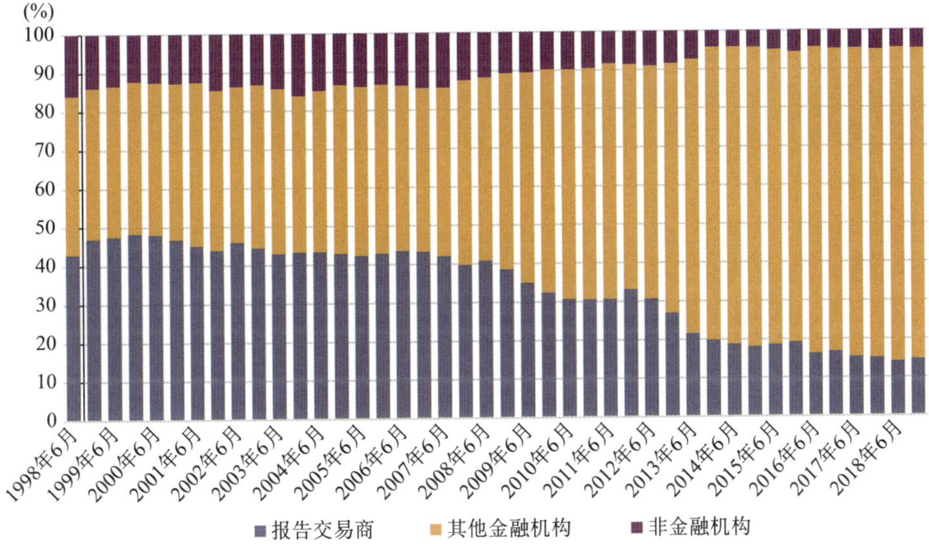

图3　场外衍生品市场各类主体的未平仓合约规模占比

资料来源：国际清算银行（BIS：Bank for International Settlements）。

不同的机构、不同的参与者在场外衍生产品市场中扮演着不同的角色。

（1）商业银行和投资银行

以银行为代表的交易商在现代场外衍生产品市场处于核心地位，不仅是市场组织者，也是市场参与者。传统的场外衍生产品市场中，以银行为代表的交易商主要提供中介服务，将客户的衍生品需求集中到自己的柜台或者市场进行搭配交易，赚取交易佣金。随着市场的发展，交易商不再停留在配对交易的中介，而是改为与交易双方分别签订合约，利用自有资金和信誉为交易双方担保，提供管理合约违约风险的服务，赚取衍生品买卖价差。同时，银行本身也需要衍生产品来管理、对冲自身的利率风险、信用风险等，特别是信用衍生品，银行需要利用信用衍生产品将信用风险转移出银行系统。因此，很大程度上银行也是衍生品的直接提供商。

（2）基金公司

基金公司分为对冲基金和共同基金，两者无论在市场定位、投资策略或者交易行为上都存在巨大差异。对冲基金往往以资本增值为目标，追求高风险高收益，金融衍生产品在其资产配置中的地位日益突出。对冲基金往往利用衍生品的杠杆作用，以小博大，或者用来提高资产配置组合的收益水平，同时进行现金流管理、流动性风险控制。在场外衍生产品市场领域，对冲基金与银行、证券公司等金融机构的风险管理模式不同，是非常规风险的承受者，帮助熨平市场波幅，是市场中必不可少的参与者。但另一方面，其激进的投资风格使得其很容易在危机中付出巨大的代价，陷入亏损的漩涡，这也增加了市场整体的波幅。共同基金与对冲基金的投资理念截然不同，体现在共同基金追求在安全稳定的基础上获取收益，操作更为稳健，在衍生产品的使用上，以避险为主要目的；其次是运用衍生产品进行现金的证券化，减少因持有现金而损失的机会成本；再次是进行流动性风险控制，提高资产配置效率；仅有极少数是用于投机。由于共同基金稳健的投资风格，较少涉足高风险的衍生产品，特别是信用衍生产品市场，因此，在金融危机期间并没有受到显著的冲击，在细分的传统客户中，交易量下降幅度最小。

（3）保险公司

保险公司在衍生品市场中扮演着多重角色。首先，作为经营风险的机构，保险公司需要利用衍生产品工具来分散风险，包括利用衍生产品管理利率风险、外汇风险等。其次，不同的保险业务具有不同的风险，因而使用不同的衍生产品。例如人寿保险对利率衍生产品的需求较多，财产保险则偏重于投资收益风险，更多的使用权益类和外汇类衍生工具。保险公司在衍生品市场的积极参与，极大地促进了场外衍生产品市场的发展，特别是信用衍生产品市场。

（4）非金融机构

各个行业受金融国际化和贸易国际化日益加深的影响，受利率、外汇波动的影响日益加深。越来越多的企业使用衍生产品来管理或对冲其面临的风险，特别是利率风险和汇率风险。尤其是具有较强的风险管理意识和水平的发达经济体的公司，会更多地通过金融衍生产品管理风险。

3. 场外衍生品市场的账房先生

随着市场的发展，场外衍生产品市场的清算模式也发生了变化，主要有三种模式：非标准化双边清算、标准化双边清算、中央对手方清算。

（1）非标准双边清算

场外衍生产品市场发展的优势在于可以根据投资者的不同需求设计不同的产品，满足投资者个性化的风险管理、投资等需求。早期的场外衍生产品市场的交易是在交易双方之间完成的，或在第三方信用机构的协助下完成的，往往采用非标准化的双边清算，交易双方仅凭各自的信用或者第三方信用作为履约的担保，面临着巨大的信用风险，特别是进行多笔交易时则承担多个对手的信用风险。这种清算模式下的市场结构如图 4 所示。

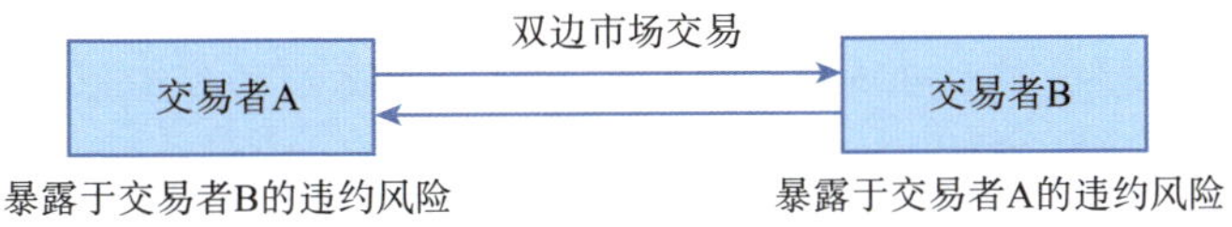

图 4　非标准化双边清算模式下的市场结构

（2）标准化双边清算模式

非标准化、高度定制化的衍生品交易虽然在满足个性化需求方面有优势，但由于合约的高度定制化使得交易者在提前退出时比较困难，且合约签署时需要耗损大量的时间在细节的谈判上，这增加了企业的运营成本和时间成本。从20世纪80年代开始，以互换为代表的场外衍生产品快速发展，随着企业参与度的深化，违约的连锁放大风险不断累积，整个市场曾受极大的系统性风险。国际掉期及衍生品协会（ISDA）在1987年发布了ISDA主协议，将场外衍生产品合约的内容进行标准化处理，减少交易双方的谈判时间和起草协议的法律风险，降低法律成本。另一方面，在定制的基础上引入标准化元素，方便交易双方净额结算，降低交易成本，即当交易双方不止一笔交易，而是一系列交易时，盈亏可以相互抵消，按照净额进行结算，另外，增加抵押金的措施，降低交易双方的违约风险，提高市场效率。

但由于交易者长久以来形成的习惯，ISDA主协议的应用并不广泛，但20世纪90年代，新英格兰银行等多家金融企业相继破产和倒闭，引起市场信用风险集中爆发，这次危机之后，ISDA主协议开始真正意义上地在市场中普及开来，推动了以做市商为核心的标准化双边清算模式。ISDA主协议成为市场主流，使得做市商能够方便的对冲风险，从而可以为市场提供流动性，赚取信用利差。做市商一般为大型的商业银行或者投资银行，以自身的良好信用作为担保，为投资者提供合适报价。清算模式也变为标准化的双边清算模式。此时的市场结构如图5所示。

（3）中央对手方清算模式

以做市商为核心的标准化双边清算模式并没有消除交易者之间的信用风险，而是将信用风险集中在做市商身上。做市商一般是资金实力雄厚、规模大、信誉好的机构，违约风险较低，但是如果做市商本身违约，则会给市场带来毁灭性的冲击。2001年的安然破产事件为整个OTC衍生品市场敲响了警

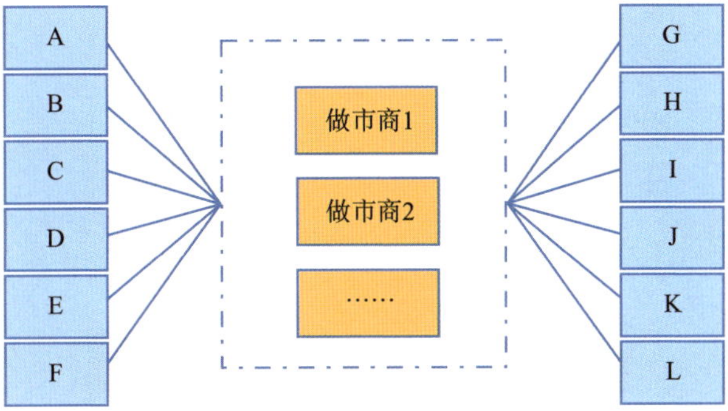

图 5　标准化双边清算模式下的市场结构

钟。安然的破产使得市场中大量的交易者受到牵连，标准化双边清算模式的缺陷暴露出来，2002 年，纽约商业交易所（NYMEX）和洲际交易所（ICE）宣布以其清算所作为场外衍生产品的中央交易对手方，市场开始步入中央对手方清算模式，即“场外交易，场内清算”。

中央对手方清算模式的核心是合约替换，即清算所作为中央交易对手为场外合约进行统一清算，清算所作为交易双方的法定对手方，于是原来的场外成交合约转化为两张与中央对手方（Central Counter Party，CCP）的清算型合约。与做市商在性质上有相似之处，但最大的区别在于中央对手方永远不承担交易风险，而做市商则需要在市场上寻找相反交易方向的交易者来对冲风险。这种清算模式下的市场结构如图 6 所示。

中央对手方清算模式在交易所的推动下得到快速发展，次贷危机爆发时，尽管雷曼兄弟参与了大量的场外衍生产品交易，但是由于大部分均采用中央对手方清算模式，其破产并没有引发系统性违约风险。在 2010 年之前，中央对手清算模式与标准化双边清算模式几乎对半，但 2010 年以来，以《多德—弗兰克法案》为代表的监管法律强制要求场外衍生产品合约采用中央对手方清算，如今，中央对手方清算模式已经占绝对优势。

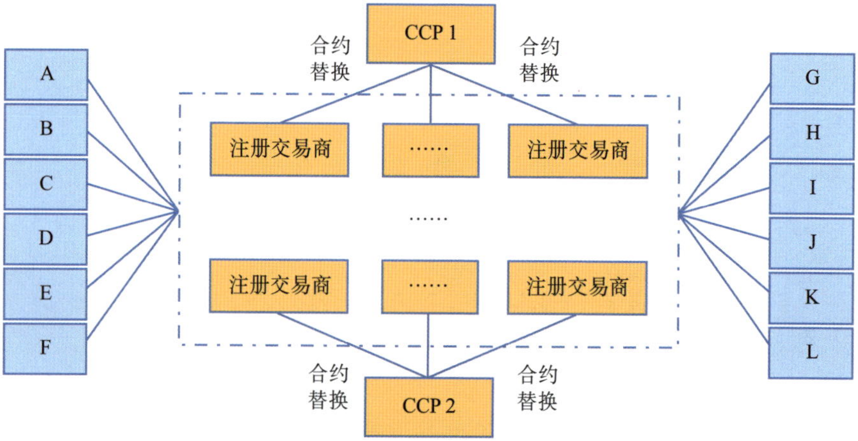

图 6　中央对手方清算模式下的市场结构

中央对手方（Central Counter Party，CCP），是指在证券交割过程中，以原始市场参与人的法定对手方身份介入交易结算，充当原买方的卖方和原卖方的买方，并保证交易执行的实体，其核心内容是合约更替和担保交收。合约更替是指买卖双方的原始合约替换为买方与 CCP 之间的合约以及卖方与 CCP 之间的合约，原始合约随之撤销；担保交收，是指 CCP 在任何情况下必须保证合约的正常进行，即便买卖中的一方不能履约，CCP 也必须首先对守约方履行交收义务，然后再向违约方追究违约责任。CCP 的清算模式有点类似于做市商制度，并没有把信用风险化解，而是将信用风险集中到 CCP 身上，一旦 CCP 本身发生问题，则整个市场都会受到巨大的打击。CCP 一般是各大交易所旗下的清算所，实力雄厚，风险控制能力强，风险爆发的几率很低。CCP 广泛应用于场内衍生品交易，已经建立了一套成熟的风险控制体系，比较常见的是设立高标准的会员制度，建立多层防护的风险缓冲池。图 7 是典型的 CCP 的风险控制体系。

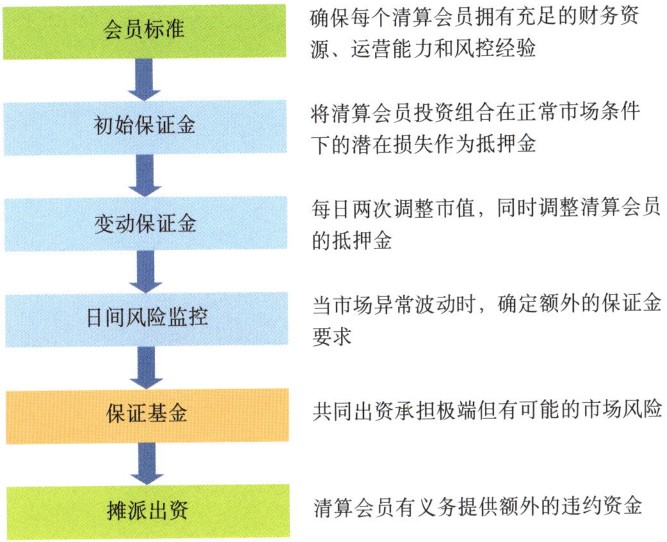

图 7　中央对手方风险控制体系

在我国加入 WTO 时，场外金融衍生品市场应运而生，虽然我国场外金融衍生品市场起步较晚，但在 2004 年之后，国内银行间市场、银行柜台市场开始进入一个较快发展阶段。你对我国场外衍生品市场的前世今生了解吗？尝试着去体会一下。

远期的峥嵘岁月

1. 浅谈远期合约的由来

美国的电子资讯系统公司由于被迫回购其544万股股票，在短短几个月内便损失约1亿美元。其中包括前一周以每股60美元的平均价格回购的大量股票。而当时该公司的股票交易价格仅在每股17美元左右。另一家制药公司——礼来公司也承认2002年它在这类合约上面临损失1.5亿美元的风险，因为该公司目前股价已跌到每股55美元左右。而该股在2000年3月时的股价处于每股70～79美元的区间，其尚未到期的那些金额最大的回购协议就是在那个时候达成的。按合约规定礼来公司有义务在2003年年底前以86～100美元的价格回购450万股股票。为何这两家公司的股票损失会如此之大呢？

远期合约是一种比较简单的衍生产品，它是在将来某一特定时刻以约定价格买入或者卖出某一产品的合约。与所有场外衍生品的交易一样，远期合约通常是在场外交易市场中金融机构之间或金融机构与其客户之间的交易。

在远期合约中，同意在将来某一时刻以约定价格买入资产的一方被称为多头，而同意在将来某一时刻以约定价格卖出资产的一方被称为空头。

远期合约在到期日交割。空头的持有者交付标的资产给多头的持有者，多头按远期合约的协议价格支付现金给空头。

一般按照标的资产的不同，将远期合约的类型分为几种：利率远期、外汇远期和商品远期等。这里我们主要介绍利率远期和外汇远期，其中介绍的产品主要以人民币为标的，包括人民币远期利率协议和人民币外汇远期协议。

远期合约是由买卖双方通过协商达成的，是为了满足双方要求特别制定的非标准化的合约，远期合约在一般情况下，只有单一的交割日。远期合约的交易价格是由买卖双方私下协商确定、一对一达成的。

远期合约交易不但存在价格风险，还要承担信用风险，因而买卖双方一般要根据对方信用状况在合约中约定违约赔偿的条款，以降低信用风险。但是即便远期合约在签约时采取了交纳定金、第三方担保等措施，在交易中违约、毁约现象仍时有发生。远期合约受条款个性化的限制，很难找到交易对手，因此多数情况下只能等到期时履行合约，进行实务交割，否则就属于违约。与期货合约的每日结算不同，远期合约签订后，只有合约到期才能进行交割清算，其间均不能进行结算。

结合上述内容的介绍，针对文章开头的疑难杂症，我们开出如下药方：在美国有些公司非常看好本公司未来的股价走势，因此在制定股票回购协议时就采用了远期股票合约的形式，即承诺在未来某个日期按某个协议价格（高于交易达成时的股票价格）买回本公司的股票以此向市场传达对本公司的信心。其中有些公司对自己过度自信而没有采取其他行动保护股价下跌可能带来的后果。远期股票合约到期时公司股价暴跌而又不得不执行该回购协议，给公司造成了巨大的损失。

2. 远期利率是个什么东东

华兴集团是东部某沿海城市的明星公司，年纳税额占到该市的一半以上，其老板李华兴更是当地的风云人物，他的媒体曝光率丝毫不亚于市委书记，

2015 年被评为“十大明星企业家”。然而，一路顺风顺水的李总最近却犯了难。华兴集团因为扩张速度过快，导致资金周转出现问题，公司准备在 6 个月后借入一笔 3 000 万元的人民币 3 个月期贷款。可是公司判断未来市场利率会有上升风险，李总想要规避或者减弱这种风险，苦于没有计策。那么李总该怎么办呢？远期利率协议（Forward Rate Agreement，FRA）是一个不错的选择。

远期协议利率为双方在合同中同意的固定利率，参考利率为合同结算日的市场利率。远期利率协议的交易，不进行本金交易，只通过结算差额的方式来进行保值或者投机，避免大规模拆借资金的尴尬。其中，远期利率协议的买方支付协议利率给对方，同时收取参考利率，而远期利率协议的卖方支付参考利率，收取协议利率。

案例

2012 年 7 月，A 企业财务主管预期企业需要在 3 个月后进行 6 个月的贷款，当时的 6M Shibor 利率为 3.95%，该财务主管判断远期利率会上涨，为了控制企业的贷款成本，向中国银行询价 FRA，中国银行报价 4.05% 卖出 3×9M 的 FRA（即 2012 年 10 月到期时，企业支付 4.05% 给中国银行），参考利率为 6M Shibor（即中国银行支付 6M Shibor 给 A 企业），从而企业将 3 个月后的 6M 贷款成本锁定在 4.05% 上。

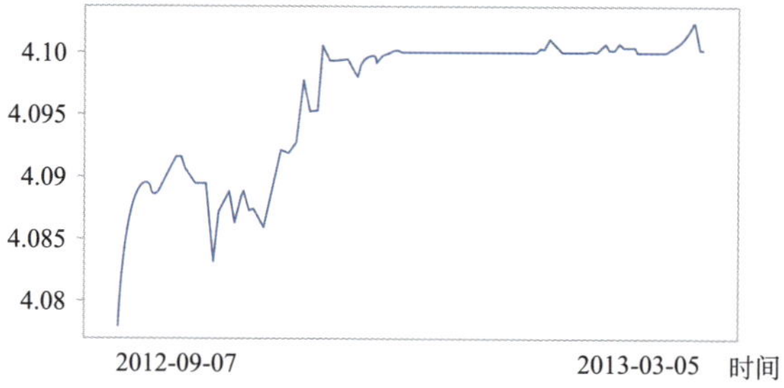

图 8　2012—2013 年 6M Shibor 走势图

数据来源：上海银行间拆放利率网站。

接文中开篇时的小故事，华兴集团李总应该买入远期利率协议来避免风险。交易类型：6M×9M，交易日为7月13日，起息日为下年1月13日，到期日为4月13日，协议利率8.03%。6个月后，市场利率上涨，3M Shibor利率8.09%，参考利率大于协议利率。交割日，银行向公司结算差额。

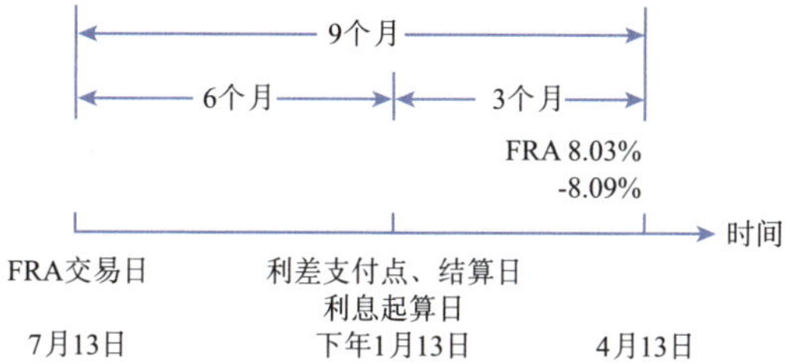

人民币远期利率及其市场发展状况

2007年3月15日，国内知名企业百盛公司在北京新投资的项目如火如荼地进行。根据投资项目进度，百盛高层管理人员预计将在6个月后向银行贷款人民币1 000万元，贷款期限为半年，但是担心6个月后利率上升提高融资成本，即与银行商议，双方同意6个月后百盛公司按照年利率6.2%（一年计两次复利）向银行贷入为期半年的1 000万元贷款。

2007年8月，中国人民银行周三发布报告称，今后将积极配合利率、汇率制度改革进程，积极稳妥地推进衍生产品市场发展，全面开展人民币利率互换交易，研究推出远期利率协议等衍生产品，同时研究并择机推出人民币外汇货币互换以及信用衍生产品。之后中国外汇交易中心暨全国银行间同业拆借中心（以下简称“交易中心”）发布通知，将开展以上海银行间同业拆放利率Shibor为基准的远期利率协议报价。

2007年中信银行做成第一笔人民币远期利率协议，本金2亿元，以3个月的Shibor为基准利率，做3M×6M的协议。

自2007年11月FRA开始交易起，2007年的交易额为10.5亿元，2008年为113.6亿元，至近两年，远期利率协议交易较为清淡。如表2所示。

表 2　2007～2012 年人民币远期利率协议成交量

年份	名义本金（亿元）	成交笔数
2012	2.0	3
2010	33.5	20
2009	60.0	27
2008	113.6	137
2007	10.5	14

数据来源：中国货币网。

我们再来看看本章开头提到的百盛公司所面临的情况。2007 年 9 月 15 日 FRA 到期时，市场实际半年期贷款利率为 6.48%，此时百盛公司可以选择直接执行 FRA 或对 FRA 进行现金结算，可比市场利率节省 1.4 万元的利息支出。另一种情况，假设 2007 年 9 月 15 日 FRA 到期时，市场实际半年期贷款利率下跌至 6%，这时企业 A 在 FRA 中损失而银行盈利，具体损失金额为 1 万元。但是无论如何，百盛公司将真实的贷款利率锁定在 6.2%，排除了风险。说明人民币远期利率协议是一种非常好的锁定风险与收益的方法。

3. 如何理解外汇远期交易

王总是香港某出口轴承企业的老板，本来一切都顺风顺水，可他最近却因生意上的事犯了难。他在今年 3 月 3 日与美国客户签订了总价为 1 000 000 美元的食品出口合同，付款期限为 1 个月，双方约定到期时按即期利率支付货款，签约时的即期汇率为 1 美元 =7.5412 港币，此时银行一个月远期美元兑港币报价为 7.5477/7.5865。企业担心未来港币升值会给企业的经营带来不利影响，王总应该怎么做来消除或者减少这种不利影响呢？

外汇远期交易（Forward Exchange Transaction）又称期汇交易，是指外汇买卖双方签订外汇远期买卖合同，规定买卖外汇的币种、金额、汇率和将来交割的时间，到未来规定的交割日期，按合同由卖方交汇、买方付款的一种预约性外汇交易。最常见的外汇远期交易交割期一般有 1 个月、2 个月、3 个月、6 个月、12 个月。

结合前面的分析，王总可以通过卖出美元兑港币远期合约来规避汇率风险。一个月后，假设港币币值的波动和企业预期一致，港币出现了升值，即期汇率已升至 7.4639。这样与不进行套期保值相比，企业通过套期保值增加 83 800 元人民币。参与外汇远期交易，一般有以下几种目的：

避免国际贸易汇率变动的风险。

资金借贷者防止其对国外投资或所欠债务到期时汇率变动而遭受损失。

外汇银行为平衡其外汇头寸而进行必要的抛补。如果一家银行的美元头寸不足，那么就会卖出美元的外汇远期以平衡美元的头寸。

外汇投机者为取得利率从事投机。

案例

大连国兴外贸公司是一家以经营食品进出口为主的外贸公司，老板孙国兴（化名）是一位学金融出身的民营企业家，公司经营状况一直良好。2009 年 8 月 25 日，国兴公司与日商签订了一笔进口合同，按照合同，国兴公司将于 9 月 25 日支付 4 亿日元的进口货款。但是当时公司只有美元外汇，面对这种情况孙总应该如何操作，既能换取日元，又可以规避汇率风险呢？

经过深思熟虑孙总决定先同中国银行做一笔一个月的外汇远期交易，按汇率 93.5 买入 4 亿日元。这笔外汇远期交易成交后，A 公司购买日元所需要的美元成本就可以固定下来了：400 000 000/93.5 =

4 278 074.87 美元。

如果当时国兴公司未做远期交易，而是等到货款的到期日才在即期外汇市场买入日元，9 月 25 日的美元/日元汇率为 90.25，则公司为支付 4 亿日元需要付出的美元成本为：400 000 000/90.25 = 4 432 132.96 美元，相比做外汇远期交易，公司需要多支出美元：4 432 132.96 − 4 278 074.87 = 154 058.09 美元。

人民币外汇远期交易的作用

2015 年 9 月 20 日，名为三湾的一家广东企业出口其生产的三湾系列货物，该公司的冯经理预计 3 个月后即 12 月 20 日会收到货款 2 000 万美元。冯经理认为到期时汇率水平变动会带来非常大的风险，若人民币升值，三湾公司的实际收入将会受损。为避免这种情况的发生，冯经理该做何决策呢？

NDF 汇率体现的是境外市场对人民币远期汇率的预期，是与境内人民币远期结售汇平行运行的市场，二者相互影响，但是由于价格形成机制不同，同期限远期的价格并不一致，从而出现无风险套利空间。人民币 NDF 与外汇远期行情对比如图 9 所示。

要做人民币外汇远期和 NDF 之间的套利，必须先满足以下条件：

（1）境内企业必须有真实的贸易背景，才能和银行做远期结售汇业务。

（2）在新加坡或者香港有能够从事 NDF 交易的公司。

套利方式有多种：包括市场间的套利，利用国内的远期结售汇水平与 NDF 汇率水平之间的差异进行套利；利用人民币 NDF 市场价格的波动性进行套利；利用 NDF 贴水程度高于美元贷款利率幅度进行套利，这里我们主要介绍第一种和最后一种。

图 9　人民币 NDF 与外汇远期行情对比图

数据来源：Bloomberg。

表 3　　2013 年 2 月 25 日人民币 NDF 与人民币外汇远期牌价

		7 天	1 个月	3 个月	6 个月	9 个月	12 个月
人民币远期（DF）	买入	6. 2155	6. 2208	6. 2399	6. 2612	6. 2805	6. 3028
	卖出	6. 2567	6. 264	6. 2837	6. 3101	6. 3344	6. 3597
NDF	买入	6. 2870	6. 2888	6. 2942	6. 3038	6. 3136	6. 3218
	卖出	6. 2887	6. 2902	6. 2964	6. 3068	6. 3166	6. 3258

（1）境内（DF）远期结汇 + 境外 NDF 远期购汇

当境内远期结汇价高于境外远期售汇价（NDF 通常也称购汇价）时，境内企业就预期中的未来收汇（外币货款等）向银行申请远期结汇，同时其境外关联企业向境外银行申请相同金额、相同期限的 NDF 远期购汇，在到期日分别执行境内远期结汇和境外 NDF 交易，最终效果：客户相当于按 NDF 汇率决定日外管中间价加点的优惠价格进行结汇，优惠幅度取决于 DF 与 NDF 的价差。

适用于：出口型企业。

应对情况：人民币升值预期（NDF < DF）。

案例

以表 3 中的数据为例，表中并没有适合进行 DF 和 NDF 套利的情况，现在我们假设，2013 年 3 月 25 日，6 个月人民币远期的报价为：

买入价：6.3505

卖出价：6.3605

6 个月 NDF 报价为：

买入：6.3038

卖出：6.3068

根据上述数据，因为 NDF 购汇价格（6.3068）低于国内远期外汇的结汇价格（6.3505），所以，出口企业可以进行如下交易：

3 月 25 日当天在境内银行做一笔为期 6 个月的远期结汇交易，同时在境外银行做为期 6 个月的购汇交易。

通过这两笔交易，结汇价就可以锁定在到期中间价 +437 个基点（6.3505 − 6.3068）。

到期后，公司与境内、境外银行进行交割，远优于到期做即期结汇，因为即期结汇只能得到当日公布的中间价，公司在赚取 437 个基点的情况下，也不承担额外的风险。

小结：如上文所述，这种组合交易使得企业，和只单纯进行远期结汇交易相比，可以获得 DF 与 NDF 的价差，在人民币贬值（注意，这里是到期时人民币实现贬值，不同上文所说的升值预期）、人民币保持稳定、甚至小幅升值的情况下都优于远期结汇价格。

但是，如果到期人民币大幅升值，升值的幅度（交易时的远期价格－到期中间价）高于（DF－NDF）时，那么此笔交易效果将不如直接进行远期结汇交易。

举例说明：

如果6个月到期时，外管局中间价为6.1135，此时人民币大幅升值，企业进行上述交易，最后的结汇价格为6.1135＋437×0.0001＝6.1575，而直接进行远期结汇的价格为6.3505。

（2）境内（DF）远期售汇＋境外NDF远期结汇

当境外远期结汇价高于境内远期售汇价时，境内企业就预期中的未来购汇向银行申请远期售汇，同时其境外关联企业向境外银行申请相同金额、相同期限的NDF远期结汇，在到期日分别执行境内远期售汇和境外NDF交易，最终效果：客户相当于按NDF汇率决定日外管中间价减点的优惠价格进行售汇。优惠幅度取决于DF与NDF的价差。

适用于：进口型企业。

应对情况：人民币贬值预期（NDF > DF）。

（3）境内人民币定期存款质押贷款购汇＋境外NDF

不同于之前的两种套利方式，本套利方案的原理在于NDF贴水程度与美元贷款利率之间的不同。当人民币定期存款利率加上人民币的升值幅度（由NDF与即期汇率计算）大于美元贷款利率，进口型企业就可以进行相应的套利操作。

人民币定期存款质押贷款购汇：公司将拟购汇或拟对外支付的现汇结汇后的人民币资金以定期存款方式存入银行，以该定期存款质押向银行申请外汇贷款对外支付货款，贷款到期后以该定期存款购汇还贷。

适用于：进口型企业。

应对情况：人民币升值预期（NDF < DF）。

案例

公司日前拟用现汇 1 000 万美元支付一笔货款。

即期结汇汇率：6.8505，人民币一年期定期存款利率：3.50%，一年期美元贷款利率 7.5%，一年期 NDF 售汇汇率 6.5050。

一年后，到期时外管局中间价为 6.5900，银行售汇价为 6.6050。

按照套利方案：将现汇进行即期结汇，折合人民币：6.8505 × 1 000万美元 = 6 850.5 万元。

办理一年期人民币定期存款，到期拥有人民币：6 850.5 ×（1 + 3.50%）= 70 902 625 元。

可购美元：70 902 625/6.6050 = 10 734 689.63 美元。

贷款 1 000 万美元，到期需要支付：1 000 ×（1 + 7.5%）= 1 075万美元。

NDF 到期可以获得：1 000 万美元 ×（6.5900 − 6.5050）/6.5900 = 128 983.31 美元。

该公司总计获利：10 734 689.63 + 128 983.31 − 1 075 000 = 113 672.94美元。

- **人民币连续跌停**

2011 年 9 月 23 日，香港唯一的人民币清算行中银香港的一则公告令市场颇感意外。公告称，该行通过贸易结算从其他银行购买人民币的 40 亿元配额已经耗尽，已暂停通过贸易结算从香港参与银行购买人民币。香港金管局同日亦称，中银香港暂停为参加行提供贸易项下人民币买入方向兑换平盘服务，但清算行向参加行出售人民币继续运作，个人业务平盘亦不受影响。与 2010 年 10 月暂停卖出人民币交易相比，这次暂停买入人民币交易凸显近期香港市场人民币资金的充裕。苏格兰皇家银行研究报告称，与过去不同的是，近期有很多机构客户通过各种渠道在港抛售人民币，买入美元，博人民币贬值、美元升值，从而令中银香港额度提前告罄。

在此背景下，从2011年9月22日开始，海外NDF两年期以内合约出现人民币贬值预期，为金融危机以来首见。截至26日，一年期人民币对美元NDF连续三天低于人民币中间价，27日仅接近持平；香港离岸人民币（CNH）较内地人民币即期市场仍然高出近800个点，此前最高曾达1 900个点。

境内2011年12月15日，人民币兑美元即期汇价在6.3738元再次触及日交易区间下限，为连续第12个交易日“跌停”。当日银行间外汇市场人民币汇率中间价为1美元兑人民币6.3421元，按官方设定的0.5%上下波动幅度计算，“跌停价”在6.3738元。人民币汇率的连续“跌停”，也引发了市场对人民币持续贬值的担忧。

人民币为什么连续跌停：市场评论人员给出了各种解读。

离岸市场出现人民币贬值预期主要是由于欧债危机导致资金涌向流动性较好的美元资产，推动美元升值，与国内经济情况不是特别相关。在欧债危机形势明朗之前，这种情况还会持续一段时间。

本轮人民币急速下跌的原因十分复杂，既有短期的需求冲击，也有长期资本收益的因素；既有外部的套利驱动和资本回撤，也有内部经济增速的预期改变，另外也不排除一些机构看空中国经济、做空人民币。

随着欧债危机的持续发酵，投资者对未来预期趋于悲观，纷纷抛售非美资产和货币购入美元，此时美元扮演避险货币的角色，其他货币对美元纷纷走软。

美元的强劲上涨带来了人民币对美元汇率的下跌，事实上，在2008年金融危机爆发后，美元就曾在四季度走出一轮强劲上扬的行情，当时人民币也出现连续跌停的现象。

贸易顺差的收窄也直接引发人民币升值放缓甚至下跌的走势，数据显示，

2011 年 10 月份我国外汇占款出现了四年来的首次负增长，流入国内的热钱正呈现回流现象，这也一定程度上导致了人民币的走软。

市场评论人员众说纷纭，核心都离不开美元的走强，具体原因表现在两个方面：一时欧债危机的纵深发展，导致欧美的金融机构不得不持续去杠杆；二是中国经济减速，外汇占款下降，资金外流，加上海外经济减速导致投资者对未来中国出口前景感到悲观，境外资本也普遍认为中国明年将长时间未稳定出口做准备，人民币预期很难升值。

- 人民币境内外汇率“倒挂”——反向套利的机会

汇率倒挂的原因：境内外人民币汇率定价形成机制不同：境内官方定价，境外市场自由定价；境内人民币兑美元汇率中间价的形成方式为：交易中心于每日银行间外汇市场开盘前向外汇市场做市商询价，并将全部做市商报价作为人民币兑美元汇率中间价的计算样本，去掉最高和最低报价后，将剩余做市商报价加权平均，得到当日人民币兑美元汇率中间价，权重由交易中心根据报价方在银行间外汇市场的交易量及报价情况等指标综合确定。

- 反向套利

离岸市场与国内外汇市场之间人民币汇率的价差造成了潜在套利机会，在香港开展业务的境内银行都可以在离岸市场抛售美元买进人民币，在内地则买进美元抛售人民币。

我们再来回顾一下本文开头所提到的三湾公司，该公司应该做人民币的远期结售汇交易。冯经理会买入人民币远期外汇协议，中国银行 9 月 20 日开报的 3 个月远期美元兑人民币双边价为：8.3649 ~ 8.4068，该企业同银行签订了人民币远期结售汇合同。12 月 20 日市场汇率变为 8.2649 ~ 8.3068，三湾公司避免了（8.4068 − 8.3068）×2 000 = 200 万美元的损失。

4. 远期股票合约是股票还是合约

美国礼来制药公司是一家年轻的上市公司，综合实力较强，发展迅速。

公司的管理层对公司股票的未来走势十分看好。于是公司在 2000 年制定股票回购协议时决定采用远期股票合约的形式，以此向市场传达对公司的信心。回购协议中规定股票的回购价格为 86 ~ 100 美元，数量为 450 万股，2003 年底以前执行。公告一出股民们信心倍增，股价接连上涨。但是好景不长，2002 年 5 月由于媒体曝光该公司某批次的药品中采用了劣质药材，导致一大批患者生命垂危，公司股价一夜暴跌至 55 美元，面对即将到期的合约，礼来公司承认在远期股票合约上将面临 1.5 亿美元的风险。那么什么是远期股票合约呢？

远期股票合约是指在将来某一特定日期按特定价格交付一定数量单个股票或一揽子股票的协议。远期股票合约在世界上出现时间不长，总交易规模也不大。远期股票合约其条款一般包括：交易的股票名称、数量，交易的结算日期，在结算日的特定价格，双方违约责任。

5. 浅谈人民币 NDF 市场的主要特征

无本金交割远期外汇交易（Non - deliverable Forwards，NDF）主要用于实行外汇管制国家的货币，人民币无本金交割远期可以衡量海外市场对人民币升值或贬值的预期。自 1996 年 6 月新加坡首推人民币 NDF 后，中国香港、纽约、伦敦及中国台湾相继推出人民币 NDF 交易。人民币 NDF 交易主要是针对于海外参与者的投机需求而开展的活动，供求稳定性较弱，与我国银行间人民币远期市场有着本质上的不同，其主体是在真实贸易基础上，以规避汇率风险为目的的企业，其市场具有较高的供求稳定性。

作为亚洲 NDF 之一的人民币 NDF，其交易量是相当可观的，其中中国香港和新加坡市场的人民币 NDF 每日交易量已由交易之初的 3 000 万美元增加到现在的 50 亿美元左右。在六种 NDF 货币中，人民币、韩元、新台币的市场价差较大，而在这三种货币中，人民币一年期的 NDF 流动性最高。因此，人民币 NDF 市场和即期市场的波动之间不存在着相互溢出的效应，两者之间只存在人民币 NDF 市场对即期市场的单方向报酬溢出效应。

互换的虎啸龙吟

1. 什么叫互换

石家庄远大有限责任公司是一家进行农产品贸易的公司，公司王总年轻有为，在金融行业迅猛发展的当下，他意识到没有一家企业能够脱离金融行业而生存，所以在闲暇时间，他经常学习一些金融知识。最近他了解到互换合约这种金融衍生产品是一种非常不错的金融工具，凭借他经营农产品贸易多年积累的经验，他决定在大豆市场进行一次互换交易。那么究竟什么是互换呢？王总又是怎样设计互换合约的呢？

互换（Swap），顾名思义，是双方或多方约定好交换物品或者权利义务等的一个过程。互换运用到金融领域，即将互换的标的附加于金融工具之上的时候，便产生了金融范畴的互换。具体来说，金融领域的互换是指两个或两个以上的当事人在将来交换一系列现金流的协议，它是一种场外衍生品。通常互换协议确定支付现金流的日期以及现金流的计算方法。交换的现金流（这些现金流被称为互换的“腿”）取决于所涉及的金融工具类型。例如在涉及不同债券的现金流互换的情况下，定期交换的就是债券的利息或与债券相关的款项。

远期（Forward）可以看作是互换的最简单的情形。假设2013年3月1日，远大公司签订了远期合约，规定1年之后以每吨4 500元买入100吨大豆。1年后，公司可以把收到的大豆立即在市场中卖出。该远期合约等价于这样一个互换合约：公司同意将在2014年3月1日支付450 000元，并收取100吨大豆。远期合约相当于在未来某一天交换现金流，而典型的互换合约在未来一系列时刻交换现金流，在上述案例中，如果在未来的5年时间内，每年3月1日该公司都想支付450 000元，并收取100吨大豆，就可以签订互换合约。

互换这个金融衍生工具有以下优点：

互换交易集外汇市场、权益市场、货币市场和债券市场于一身，它的标的可以是这些市场中的任何一种，也还可以是某些市场的综合，如后文将要述及的交叉货币利率互换，既可用于规避汇率风险，又可运用于管理不同币种的利率风险。

互换能满足投资者对非标准化交易的要求，运用较为灵活。

利用其他金融衍生工具进行套保时一般需要调整衍生品头寸，而用互换套期保值可以省却对持仓头寸的日常管理，使用简便且风险转移较快。

一般按照所涉金融工具的类型不同，将互换分为以下几类：

一是利率互换（Interest Rate Swap）：这是一种最为普遍的互换类型。标准的利率互换里，B同意向A支付若干年的现金流，这个现金流是名义本金乘以事先约定的固定利率产生的利息。同时，A方同意在同样期限内向B方支付相当于同一名义本金按浮动利率产生利息的现金流。这两种利息现金流使用的货币是相同的。互换的时间期限可以从2年到15年以上。

二是货币互换（Currency Swap）：这种互换最简单的形式是

将一种货币的本金和固定利息与几乎等价的另一种货币的本金和固定利息进行交换。这是另一种较为常见的互换类型。

三是商品互换（Commodity Swap）：是指交易双方为了管理商品价格风险，同意交换与商品价格有关的现金流的交易。主要是指固定价格及浮动价格的商品价格互换。我们可以从生产者的角度举例来看。

案例

假设张总每月要在市场上销售 1 万桶原油，但是由于原油价格波动导致其销售收入极不稳定，那么该公司就可以以 1 万桶原油作为标的进行互换，每个月公司将 1 万桶原油的销售收入支付给互换交易对手方，交易对手方按照事先约定的固定价格计算出相应的现金流并支付给公司，具体如图 10 所示。

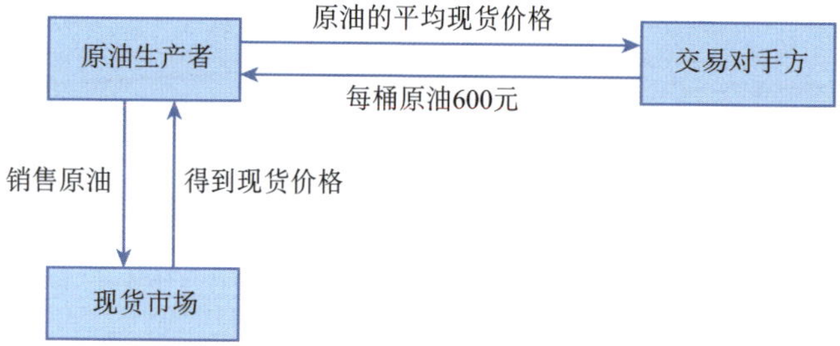

图 10　商品互换

四是股权类互换（Equity Swap）：是将某个权益性指数所实现的总收益（红利及资本利得）交换为固定利率或浮动利率的协议。例如，每 6 个月将 1 000 万元市值的 A 股票的总收益交换为 1 000 万元本金的 SHIBOR－6M 利率。

除了上述几种主要类型的互换以外，还有一些创新型的互换品种，具体包括：

①本金增长型互换、本金减少型互换和过山车型互换。在一般的互换品种中，本金是不变的，而在这三种互换中，本金是可变的。

②可延长型互换和可赎回型互换。在标准的互换中，期限是固定的。而可延长型互换（Extendable Swap）的一方，有权在一定限度内延长互换期限。可中止互换（Puttable Swap）的一方，有权提前中止互换。

③零息互换。零息互换（Zero－coupon Swap）在互换期间只进行一次性的支付。这一次性的现金支付，可以在互换期初，也可在期末。

④后定利率互换。在一般的涉及浮动利率的互换中，每次浮动利率都是在计息期开始之前确定的。后定利率互换（Back－set Swap）的浮动利率，则是在每次计息期结束之后确定的。

⑤远期互换。远期互换（Forward Swap），也被称为延期互换（Deferred Swap），这类互换生效日是在未来的某一确定时点才开始，从这个未来的某一确定时点。

上述各种互换类型中，最为常见的利率互换与货币互换都是于20世纪80年代初期出现的，是适用于银行信贷和债券融资的资金融通新技术，也是新型的规避风险的金融工具，目前已在国际上被广泛采用。在本章后续我们将重点介绍这两类互换产品。另外，股权类互换在中国场外市场已开始萌芽，所以我们也将结合中国股权类互换起步的情况对股权类互换进行相关介绍。

互换市场作为场外金融衍生品市场的核心组成部分之一，在经历了发展、繁荣、衰退、复苏四个阶段后，全球互换市场目前已经进入了相对稳定的阶段。不管是从绝对规模、相对规模还是与其他衍生品市场的横向比较来看，互换衍生品都已经成为当前世界金融市场发展的核心动力之一。

(1) 互换市场的规模

自20世纪90年代末以来，全球互换市场的发展非常迅猛，但由于次贷危机的爆发，各国加大了对互换市场的监管，在市场环境和监管环境剧变的双重冲击下，互换市场的增长一度陷入了停滞。直到 2011 年，全球互换市场的总市值才重新恢复增长，近几年开始趋于平稳。根据国际清算银行（BIS）的统计，截止到 2015 年年底，全球互换市场的名义本金（Notional Amount）已经达到了 12 293 632 亿美元的历史最高点，相当于同期美国 GDP 的 30 倍；若以市场价值来衡量，全球互换市场规模也达到了 23 万亿美元之巨，是同期美国 GDP 的 1.5 倍。2005～2015 年互换市场规模增长情况如图 11 所示。

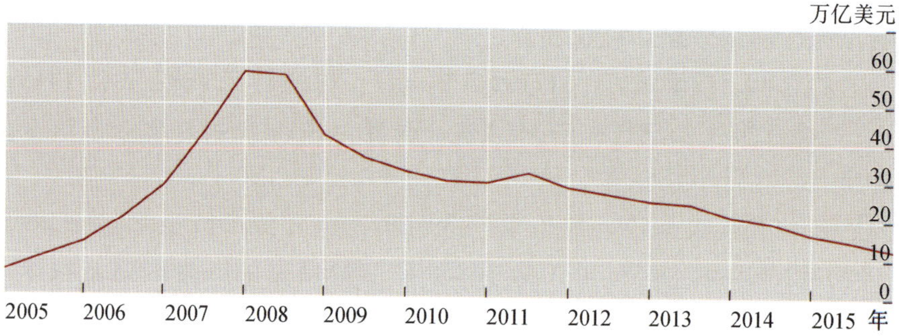

图 11　互换市场规模增长情况（单位：十亿美元）

数据来源：BIS。

（2）互换产品与其他衍生品的相对规模大小

互换产品一般属于场外衍生品，极少在场内进行交易。2014 年 12 月外汇远期与互换的持有名义金额达到 37.075 万亿美元，占据总体外汇 OTC 市场 48.86% 的份额，成为最重要的场外衍生工具，接着是货币互换，持有名义金额为 24.203 万亿美元，占国际 OTC 外汇衍生品持有名义总金额的 31.9%，场外期权规模最小，仅占据 19.24% 的市场份额，持有名义金额为 14.599 万亿美元（如图 12 所示）。

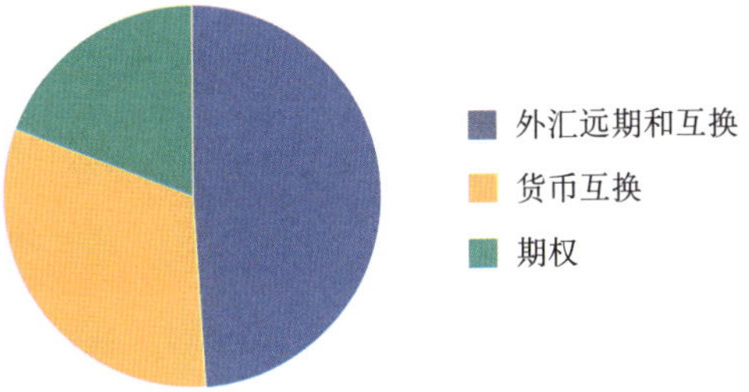

图 12　2014 年 12 月互换市场规模在 OTC 衍生品市场中的占比（以名义本金衡量）

数据来源：BIS。

显然，互换市场已经是场外衍生品市场中最重要的市场之一，这点也可以从美国《多德—弗兰克法》中得到验证：该法对 OTC 衍生品市场监管的变革都集中在广义互换产品的监管规则上。互换市场与场内衍生品市场相比，在监管环境上差异巨大。若以名义本金来衡量，互换市场规模与场内衍生品市场规模的比值已经从 2001 年时的 3.1 倍上升至 2012 年的 7.82 倍。

(3) 互换市场的产品结构

随着金融市场的发展和信息技术的进步，互换衍生品市场的产品种类变得越来越丰富。尽管互换产品在设计上的灵活性决定了其基础标的存在无数的可能性，但如前所述，国际上一般会根据其标的资产将互换分为货币、利率、股票、商品四大类，剩余无法归类的互换合约则统一归为“其他”类，国际清算银行（BIS）对全球互换市场的交易信息进行了统计，结果如表 4 所示。

表 4　　互换产品分类统计

OTC 互换衍生品类型	名义本金总额（十亿美元）		占比（%）
	2014 年	2015 年 6 月	2015 年 6 月
货币互换	24 042	23 566	6.81
利率互换	381 129	319 807	92.38
股票类互换	2 495	2 801	0.81

从 BIS 的统计数据可以看出，目前互换市场中占比最多的是利率互换，占据了全球互换市场总额的 92.38%，是其他互换衍生品市场份额总和的 12 倍以上。市场份额占比排名第二的互换品种是货币互换，约占总额的 6.81%。此外，商品和股票类互换合约在 OTC 衍生品市场上的份额较低，占比都不足 1%，而信用衍生品的市场份额在近年来有较快的增长，目前占比已经上升至 5.8%。

（4）互换市场的投资者结构

互换市场的交易主体包括申报交易商（Reporting Dealer）、其他金融机构（other Financial Institutions）、非金融机构和高净值个人投资者。由于互换产品的结构特性决定了参与市场交易的双方必须具有对等的专业能力和风险承受能力，因而互换市场中的个人投资者极少，基本可以忽略不计。从交易目的来看，OTC 衍生品市场的投机力量主要由交易商或对冲基金构成，而金融机构和非金融机构更多是以套保或对冲主营业务的风险为目的参与市场交易。

（5）互换市场的区域分布

由于互换衍生品的复杂性和专业性，目前互换市场主要集中在发达国家或地区。从互换衍生品种类来看，美国市场的覆盖面最广，从一般的利率、外汇、股票、商品互换，到天气、艺术等互换衍生品，都能在其 OTC 市场上进行交易。欧洲互换市场的品种同样丰富，而且更是全球最大的利率互换市场之一。近年来，日本、新加坡、韩国等国的互换市场发展也十分迅速，但其相对规模仍然较小。

2. 谁在互换市场这个泳池里戏水

小王是一名普通白领，闲暇时间炒炒股，一段时间下来也赚了些钱，可是最近股市总体状况不太好，小王就准备把赚来的钱换个其他的投资方式。在网络上他了解了一些关于互换的知识，感觉互换市场非常不错，就想着自己去互换市场试试看，可当他真正接触互换市场的时候才发现并没有想象得那么简单，那么小王能不能自己进行互换交易呢？

互换市场的参与者主要有政府机关、出口信贷机构、多边机构、银行等金融机构、公司以及经纪人等。

（1）政府机关

许多国家的中央政府利用互换市场进行利率风险管理，调整固定利率与浮动利率债务的比重。大多数政府发行的债券属于固定利率债券，那么，利用互换市场，可以将固定利率债务转换成浮动利率债务，当市场利率上行的时候，就可以降低利息成本。

（2）出口信贷机构

出口信贷机构一般会提供成本低廉的资金以便扩大该国的出口。出口信贷机构的资金来源渠道一般很分散化，可以借入利息较低的各种货币资金，再利用互换换成客户所需的货币，以降低借款成本，节省下来的费用返还给客户。

（3）超国家机构

超国家机构是由一个以上政府共同设立的法人机构，由于有政府提供资金支持，通常信用良好。超国家机构一般利用这种优势替客户借款，他们能够按十分优惠的价格筹集资金，并且把节省的费用与客户分摊。在资金借贷过程中，由于需要承受利率波动风险，他们大量利用互换进行风险管理，改变资产、负债的风险敞口。

（4）金融机构

使用互换市场的金融机构范围很广，包括商业银行、投资银行、保险公司、养老基金和证券公司等，商业银行与投资银行是互换市场的活跃分子，他们不仅进行自营交易，同时也进行代理交易。银行利用互换作为投机工具、保值与做市工具。

（5）公司

许多大公司也积极参与到互换市场中来，他们用互换规避利率风险，并将资产与负债配对，其需求及操作方式与银行大致相同。

（6）经纪人

经纪人充当互换市场的中介，而不直接参与交易。他们撮合利率互换的需求双方达成交易，并从中收取佣金。

可见，小王要想在互换市场有所成就，以个体的身份参与交易是不现实的。

3. 利率互换的使用说明

2012 年北京宏展有限责任公司在经营过程中资金链出现问题，急需一笔数额较大的资金，无奈之下只能向银行求助，申请了一笔 1 000 万美元的一年期贷款，并约定每个季度偿还利息，也就是公司必须在 2012 年的 4 月 1 日、7 月 1 日、10 月 1 日以及 2013 年的 1 月 1 日支付利息，且于 2013 年 1 月

1 日偿还本金，并且还款利率按照结算日的 6M－LIBOR（伦敦银行间同业拆放利率）＋25 个基点（BP）计算得到。老板担心一旦利率上涨，企业承担的成本会加大，这时精通场外衍生品的同事小马就提出建议，公司可以利用利率互换将浮动利率转化为固定利率从而降低风险。那么什么是利率互换？这样的利率互换又是怎样实现的呢？

利率互换（Interest Rate Swap，IRS）是指交易双方约定在未来的一定期限内，对约定的名义本金按照不同的计息方法定期交换利息的一种场外交易的金融合约。一般来说，利率互换合约交换的只是不同特征的利息，而不涉及实质本金的互换，所以将其本金称为名义本金。在大多数利率互换中，其中一方支付的利息是基于浮动利率，而另一方的支付是基于固定利率或浮动利率。其中浮动利率对固定利率的互换是标准型（Plain Vanilla）的利率互换，也是最为普遍的利率互换。

在小马的建议下公司与另一家美国公司 GHI 签订了一份普通型利率互换合约。该合约规定，GHI 公司在未来的一年里，每个季度都将向宏展公司支付 LIBOR 利率，从而换取 6% 的固定年利率。该利率互换的现金流情况如图 13 所示。

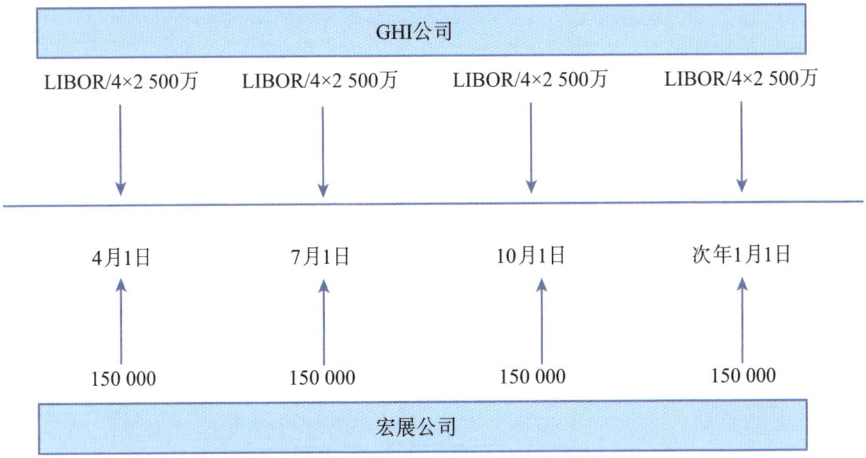

图 13　宏展公司与 GHI 公司利率互换的现金流

在进行利率互换后，宏展公司对其面临的利率风险进行了对冲，但也失去了利率下跌的潜在收益。由于银行的利率为 6M – LIBOR +25 个基点，而利率互换合约中，宏展公司以 6% 的利率换取了 LIBOR 利息收入，因而宏展公司的实际利率为 6.25% 。在此案例中，银行、宏展公司与 GHI 公司的现金流情况如图 14 所示。

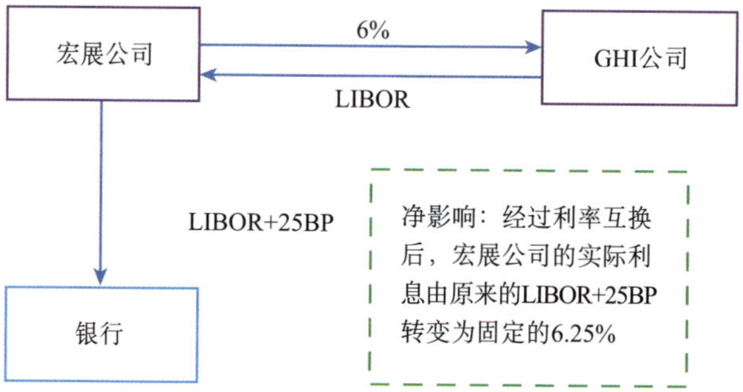

图 14　宏展公司经过利率互换之后实际的融资利率

利率互换交易之所以会发生，是因为存在着以下两种交易需求：

存在不同的筹资意向。如甲方可以得到固定利率贷款，但希望以浮动利率筹集资金，而乙方可以得到浮动利率贷款，却希望以固定利率筹集资金，通过互换交易，双方均可获得希望的融资形式，这种希望的融资方式往往是为了规避双方认为可能存在的利率风险。

存在比较优势，通过互换可以降低资金成本。某些公司在固定利率市场借款时具有比较优势，而其他公司在浮动利率市场借款时具有比较优势。比较优势可以通过利率互换发挥出来。那么，这种比较优势到底是什么？利率互换又怎样将这种比较优势发挥出来呢？

案例

宏展和 GHI 两家公司都希望借入期限为 5 年的 1 亿美元，并提供了如表 5 所示的利率。我们设想 GHI 公司想按固定利率借款，而宏展公司想借入与 3 个月 SHIBOR（上海银行间同业拆借利率，Shanghai Interbank Offered Rate，简称 Shibor）相关的浮动利率借款。

表 5　具有比较优势的借款利率

	固定利率	浮动利率
宏展公司	10%	3 个月 SHIBOR +0.3%
GHI 公司	11.20%	3 个月 SHIBOR +1%

虽然 GHI 公司在固定利率和浮动利率市场支付的利率都比宏展公司高，但从提供给宏展公司和 GHI 公司的利率报价可以看出，两个固定利率的差值大于浮动利率的差值，在固定利率市场 GHI 公司比宏展公司多付 1.2%，但在浮动利率市场只比宏展公司多付 0.7%。这就是说 GHI 公司相对于宏展公司虽然没有绝对优势，但是 GHI 公司在浮动利率市场有比较优势——在浮动利率市场上较宏展公司多出的部分比固定利率市场上多出的部分要少，而宏展公司在固定利率市场有比较优势——在固定利率市场上较 GHI 公司少出的部分比浮动利率市场上少出的部分要多。这种明显的差异将产生可取得双赢的互换。宏展公司以 10% 借入固定利率借款，GHI 公司以 SHIBOR +1% 借入浮动利率借款，他们然后签订一项互换协议，以保证最终宏展公司得到浮动利率的资金，而 GHI 公司则得到固定利率借款。

为理解互换是如何进行的，我们假设宏展与 GHI 直接进行交易，他们可能商定的互换类型如图 15 所示。宏展公司同意向 GHI 公司支付本金为 1 亿美元的以 3 个月 SHIBOR 计算的利息，作为回报，GHI 公司同意向宏展公司支付本金为 1 亿美元的以 9.95% 固定利率计算的利息。

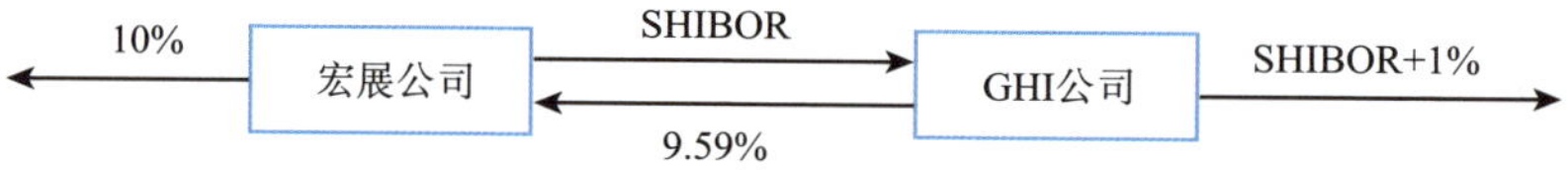

图 15　经过利率互换之后实际的融资利率

宏展公司有三种现金流：

（1）支付给贷款发放人 10%；

（2）从 GHI 公司得到 9.95%；

（3）向 GHI 公司支付 SHIBOR。

这三项现金流的净效果为宏展公司支付 SHIBOR + 0.05%，它比直接在浮动利率市场借款减少了 0.25% 的利率支出。GHI 公司也有三项现金流：

（1）支付给贷款发放人 SHIBOR + 1%；

（2）从宏展公司得到 SHIBOR；

（3）向宏展公司支付 9.95%。

这三项现金流的净效果为 GHI 公司支付年利率为 10.95% 的利息，比它直接在固定利率市场借款减少了 0.25% 的利率支出。

这项互换同时改善了宏展公司和 GHI 公司的借款利率，每年都少支付 0.25%，因此利率互换节约的总成本为每年 0.5%。这可以预先算出，因为利率互换潜在节约的总成本是 $a - b$，其中 a 为两个公司在固定利率市场的利率差，b 为两个公司在浮动利率市场的利率差。在本例中，$a = 1.2\%$，$b = 0.7\%$。

正是由于存在不同的筹资意向和比较优势，利率互换交易才可以发生，利率互换可以满足不同的筹资需求，同时可以发挥比较优势，使交易双方取得双赢。

利率互换可以发挥比较优势，那么双方在签订互换合约时，势必也会要求双方从这笔交易中分得的“羹”一样，这种分配公平往往就决定了利率互换签订时交易双方支付利率的大小。

案例

A公司和B公司如果要在金融市场上借入5年期本金为2 000万美元的贷款，需支付的年利率如表6所示。

表6 借款利率

公司	固定利率	浮动利率
A公司	12.0%	LIBOR +0.1%
B公司	13.4%	LIBOR +0.6%

A公司需要的是浮动利率贷款，B公司需要的是固定利率贷款。那么双方签订的利率互换应如何设计？其中银行作为中介获得的报酬是0.1%的利差，而且要求互换对双方有同样的吸引力。

A公司在固定利率贷款市场有明显的比较优势，但A公司想借的是浮动利率贷款。而B公司在浮动利率贷款市场上有明显的比较优势，但B公司想借的是固定利率贷款。这为互换交易发挥作用提供了基础。两个公司在固定利率贷款上的年利差是1.4%，在浮动利率贷款上的年利差是0.5%。如果双方合作，互换交易每年的总收益将是1.4% -0.5% =0.9%。因为银行要获得0.1%的报酬，所以A公司和B公司每人将获得0.4%的收益。这意味着A公司和B公司将分别以LIBOR -0.3%和13%的利率借入贷款。合适的协议安排应如图16所示。

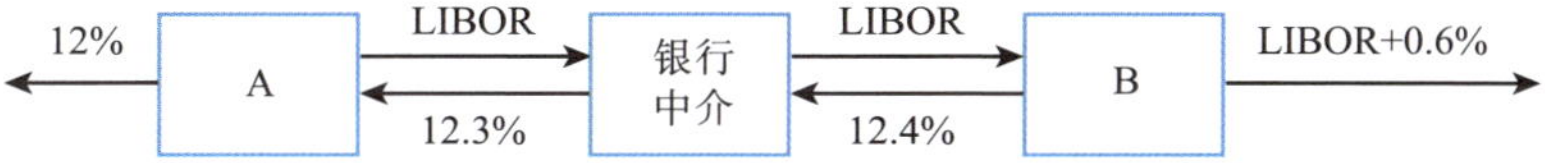

图16 互换协议

人民币利率互换市场的发展如何？

伴随着金融市场改革和利率市场化的不断深入，市场竞争日益激烈，利率互换作为最基本的利率风险管理工具，在国际市场应用非常广泛。那么人民币利率互换市场的发展又如何呢？

- 人民币利率互换的发展进程

利率市场化是利率互换市场发展的动力，也是必要的条件。1996 年我国利率市场化进程启动，人民银行不断放松利率管制、推出市场化的融资工具。对利率互换市场发展起到重要促进作用的是 2004 年 1 月 1 日人民银行扩大金融机构贷款利率浮动区间。

利率市场化的实质是把定价权交给市场，同时把风险管理的责任交给市场。金融机构和企业为适应利率市场化，需要利率互换市场。人民银行在放松利率管制、把定价权逐步交给市场的同时，认识到了发展利率衍生产品市场的必要性。2006 年 2 月 9 日，中国人民银行发布《中国人民银行关于开展人民币利率互换交易试点有关事宜的通知》（银发〔2006〕27 号），国家开发银行与光大银行的第一笔人民币利率互换交易正式生效，人民币利率互换市场诞生。人民币利率互换具体发展历程见表 7。

表 7　　人民币利率互换发展进程

时间	重要事件
2006 年 2 月 9 日	中国人民银行发布《中国人民银行关于开展人民币利率互换交易试点有关事宜的通知》（银发〔2006〕27 号），人民币利率互换市场诞生
2006 年 2 月 9 日	国家开发银行与光大银行的第一笔人民币利率互换交易正式生效
2006 年 2 月 13 日	国家开发银行与光大银行签订衍生工具交易主协议（开行版）
2006 年 2 月 14 日	国家开发银行向同业发出关于协商签订《金融衍生产品交易主协议》（开行版）及《信用支持附件》（开行版）的通知
2006 年 7 月 26 日	国家开发银行正式推出利率互换做市业务，通过 Bloomberg 向市场提供以 7 天回购定盘利率为参考利率的利率互换双边报价

续表

时间	重要事件
2006 年 8 月 17 日	渣打银行和汇丰银行在香港达成第一笔离岸人民币利率互换交易
2006 年 12 月 1 日	Bloomberg 开始依据国家开发银行、中国银行、花旗银行、渣打银行人民币利率互换报价发布利率互换参考报价
2007 年 4 月 10 日	中国外汇交易中心全国银行间同业拆借中心发布《银行间市场人民币利率互换交易操作规程》
2007 年 9 月 29 日	中国人民银行发布《远期利率协议业务管理规定》（中国人民银行公告〔2007〕第 20 号），正式推出远期利率协议交易，并要求市场参与者开展远期利率协议业务应签署《中国银行间市场金融衍生产品交易主协议》
2007 年 10 月 12 日	中国银行间市场交易商协会发布 2007 年第 1 号公告（也是成立后发布的第一个公告），推出《中国银行间市场金融衍生产品交易主协议（2007 年版）》文本
2008 年 1 月 18 日	中国人民银行发布《中国人民银行关于开展人民币利率互换业务有关事宜的通知》（银发〔2008〕18 号），人民币利率互换业务结束试点，市场对各类机构开放
2008 年 9 月 17 日	中国银行间市场交易商协会发布〔2008〕第 7 号公告，要求非金融机构参与金融衍生产品交易必须签署《中国银行间市场金融衍生产品交易主协议（2007 年版）》
2008 年 10 月 8 日	中国银行间市场交易商协会发布〔2008〕第 10 号公告，发布《银行间市场金融衍生产品交易内部风险管理指引》
2009 年 3 月 16 日	中国银行间市场交易商协会发布〔2009〕第 5 号公告，推出《中国银行间市场金融衍生产品交易主协议（2009 年版）》
2009 年 4 月 22 日	全国银行间同业拆借中心发布《关于金融衍生产品交易及备案相关事宜的通知》（中汇交发〔2009〕99 号），对金融机构推出交易备案要求
2009 年 12 月 10 日	汇丰中国同法国巴黎银行达成中国第一笔基于一年期贷款参考利率的利率互换交易

资料来源：中国期货业协会。

- 人民币利率互换市场现状

①人民币利率互换交易总量。历经近两年的试点，中国人民银行于 2008 年 1 月 18 日颁布《中国人民银行关于开展人民币利率互换业务有关事宜的通知》，从此人民币利率互换交易开始正式全面推进。自此成交量逐年放大，其

中2012年11月更是创出了有史以来的月度最大值——4 429.80亿元。不过利率互换成交量相对来说仍非常小，2016年上半年利率互换成交量达44 672.63亿元，同期银行间现券交易量约593 075.20亿元，利率互换交易量只占债券市场规模的7.53%，而在国际成熟市场上，债券衍生品市场大约是债券市场规模的10倍以上，我国利率互换市场的发展仍处于成长阶段（如图17所示）。2018年人民币利率互换市场全年成交量达21.5万亿元，共计407家机构备案入市。

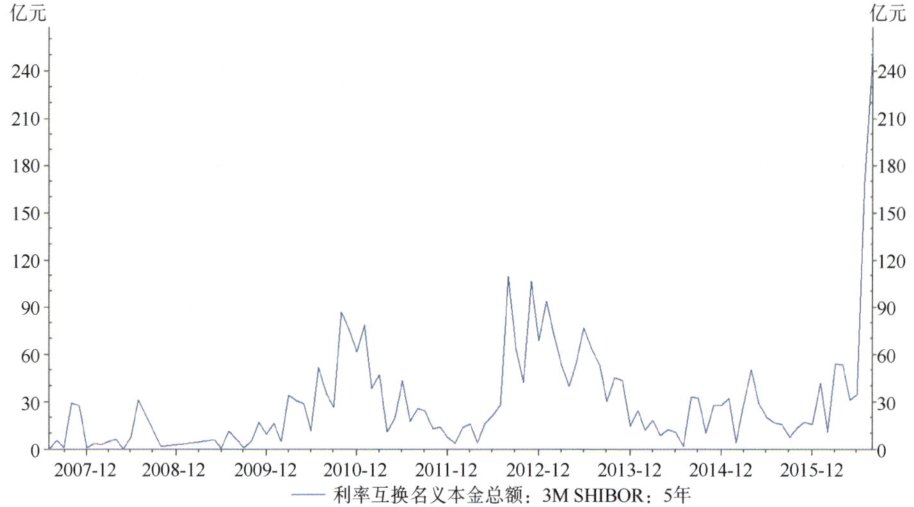

图17　2006年6月至2016年8月利率互换名义本金成交额（品种：3M SHIBOR：5年）

数据来源：wind资讯。

②人民币利率互换交易结构。从交易品种上看，人民币利率互换浮动端参考利率的选取主要有三大类：第一类，银行间质押式回购利率，主要是以7天回购定盘利率（FR007）为基准，这类互换也称IRS－Repo；第二类是以SHIBOR（上海银行间同业拆放利率），主要选取3月SHIBOR（3M SHIBOR）、隔夜SHIBOR（SHIBOR O/N）、一周SHIBOR（1W SHIBOR）作为基准，其中以SHIBOR O/N为基准的利率互换也称为OIS；第三种基准的选择

类型是央行参考利率，包括1年定存、半年贷款、1年贷款、3年贷款、5年贷款等等。

从图18中可以看出，2009年以前，人民币利率互换参考利率中呈现7天回购定盘利率（FR007）一枝独大的局面，随后，以SHIBOR为基准的交易逐渐放大，如今SHIBOR与FR007已平分秋色，而以定期存/贷款利率为基准的利率互换交易近年来占比一直都极小。

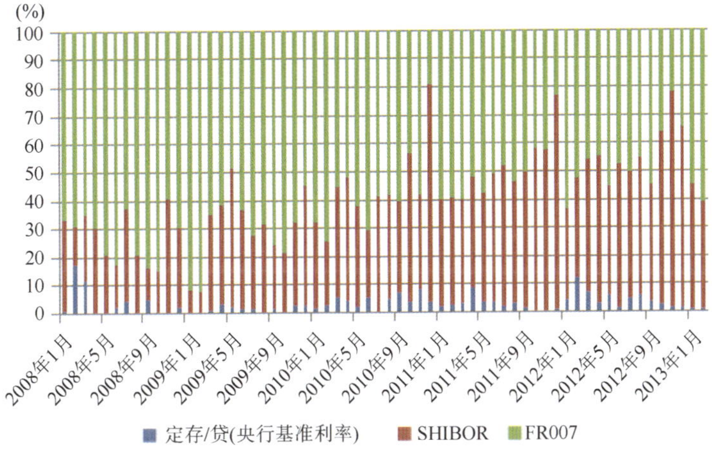

图18　定存/贷（央行基准利率）

数据来源：Wind资讯。

对于不同参考利率的互换交易，交易期限的偏好有所不同。基于FR007的利率互换交易品种期限从1个月到7年不等，基于1年定存和央行基准贷款利率的利率互换期限从3个月到6年不等，基于SHIBOR的利率互换品种期限从7天到5年不等。

③人民币利率互换投资者结构。相关法律规定对人民币利率互换参与主体的资格做出了如下规定：全国银行间债券市场参与者中，具有做市商或结算代理业务资格的金融机构（市场核心需求）可与其他所有市场参与者进行利率互换交易，其他金融机构可与所有金融机构进行出于自身需求的利率互

换交易，非金融机构只能与具有做市商或结算代理业务资格的金融机构进行以套期保值为目的的利率互换交易。具有做市商和结算代理业务资格的金融机构主要是指商业银行。三类机构之间的交易关系如图19所示。

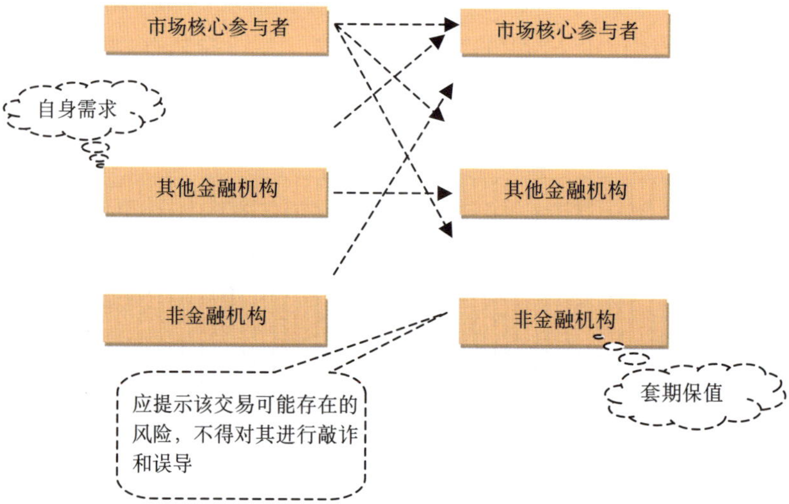

图19　人民币利率互换投资者结构

根据银行间市场交易商协会披露的信息，截至2013年3月1日，共有96家机构成为人民币利率互换备案机构（即已签署《中国银行间市场金融衍生产品交易主协议》并将利率互换业务内部操作规程和风险管理制度提交交易商协会备案的机构）。从数量上看，外资银行、股份制银行和证券公司占比较大，其中外资银行和商业银行是成交主力。近年来随着政策逐步放宽和规避利率风险的迫切需求，保险公司、券商正在设法积极参与。各大机构参与人民币利率互换的基本情况和主要目的如下：

商业银行。银行是最早参与利率互换的主体。在2006年利率互换试点初期，外资银行最为活跃，随后国内商业银行逐渐参与进来。银行参与利率互换的目的主要有管理资产负债的利率风险、匹配资产负债期限、作为做市商提供报价服务、对浮息债进行保值、自营交易等。

证券公司。证券公司成为人民币利率互换备案机构较早，但交易较少。2012 年证券公司开始踊跃申请成为利率互换备案机构。证券公司参与利率互换一方面是管理利率风险，另一方面是以自营、资管身份参与，包括投机交易和套利交易。

保险公司。保险公司参与利率互换较早，但成交并不活跃。保险公司参与利率互换的目的主要有管理资产负债风险、匹配资产负债期限。

货币经纪公司。根据银监会的规定，国内货币经纪公司不得进行自营业务，作为纯粹的中介机构，货币经纪公司参与利率互换主要是为了撮合交易获取佣金收入。

- 人民币利率互换市场展望

人民币利率互换市场的发展仍处于成长阶段，依然存在以下几个方面的问题：

其一，基础法律不健全，抵销、质押的法律地位没有保障。

其二，货币市场基础不牢，没有一个货币市场利率指数，既能反应货币市场可交易的利率水平，又有大量的资本市场工具与之挂钩，这样导致利率互换在服务实体经济时仍受多方面制约，企业利用利率互换进行债务风险管理仍有较大困难，因为贷款参考利率不是盯住货币市场利率，如 3M SHIBOR。一些浮动利率债券、理财产品虽然盯住了 3M SHIBOR，但 3M SHIBOR 本身流动性不足，难以交易。

其三，目前利率互换的套期会计没有得到普遍采用，即使利用利率互换对冲利率风险仍然会增加资产组合的风险权重，对资产负债表产生不利的影响。

其四，金融机构内部管理：对产品的认识、内部管理架构、人才、技术等有差距。

2008 年的金融危机并没有改变利率衍生品市场发展的趋势，随着我国利率市场化进程的逐步推进，我国利率互换市场必将迎来发展的春天。

4. 浅析货币互换

货币互换最早起源于20世纪70年代，起初主要是在各国商业机构之间进行，目的在于利用各自比较优势，降低融资成本，降低汇率风险。近年来，各国央行也开始将货币互换用于区域金融合作、货币政策实施和稳定金融的需要。究竟何为货币互换，让我们先来看一个案例。

新泰公司是我国一家知名上市公司，主要经营母婴产品，在国内母婴市场上拥有超高的信誉和品牌影响力。由于业务扩大，新泰公司想要发展国外业务，打算在美国扩展市场，这时新泰公司需要美元作为营运资金。于是新泰公司在货币市场上寻求到一个合作伙伴——美国泰山公司，泰山公司恰巧想开拓中国市场，需要人民币，于是两家公司签订了5年期的货币互换协议。当时美元和人民币汇率比为1:7，新泰公司用700万元人民币换取100万美元，协议规定为5年期限，2001年9月1日起，2006年9月1日为到期日。每年的9月1日为支付利息的日子。当时规定美元固定年利率为5%，人民币固定年利率为3%，则在这5年中，新泰公司和泰山公司应如何支付利息，最后到期日时本金又该如何处理呢?

货币互换指在约定期限内交换约定数量的两种货币本金，同时定期交换两种货币利息的交易协议。一般在期初按约定汇率交换两种货币本金，并在期末以相同汇率、相同金额进行一次本金的反向交换。交易双方定期向对方支付以换入货币计算的利息金额，即期初本金交换方向与利息交换方向相反，期末本金交换方向与利息交换方向相同。如人民币3个月SHIBOR换美元3个月LIBOR，期初买方（定义为收美元利息的一方）支付美元收到人民币（一般按即期汇率），期间收基于LIBOR的美元利息、付基于SHIBOR的人民币利息，期末再按相同汇率收回美元付出人民币。

新泰公司应该每年9月1日向泰山公司支付5%的美元利息，泰山公司应每年9月1日向新泰公司支付3%的人民币利息，在最后到期日时，新泰公司归还泰山公司 100 万美元，泰山公司归还新泰公司 700 万元人民币。

如果公司签订一份货币互换协议，那么如何对这份货币互换进行估值呢？还按上述案例来说，中国的新泰公司与美国泰山公司进行货币互换，那么两家公司都需要清楚这份协议的价值。假设人民币和美元的利率期限结构都是平直的，人民币年利率为 2%，美元年利率为 5%（都用连续复利表示）。新泰公司进行货币互换，它每年以人民币收取年利率为 2% 的利息，以美元支付年利率为 5% 的利息，两种货币表示的本金分别为 1 000 万美元和 6 000 万元人民币，互换将持续 3 年，现在的汇率为 1 美元 =6 元人民币。那么新泰公司持有的货币互换头寸价值为多少呢？

和利率互换定价的原理一样，货币互换一样也可以分解成债券的组合来进行估值，可以将货币互换分解成一份外币债券和一份本币债券的组合。

如果我们定义为货币互换的价值，那么，收入本币、付出外币的那一方持有的互换头寸可以看成是一份本币债券空头和一份外币债券多头的组合。

付出本币、收入外币的那一方持有的互换头寸可以看成是一份本币债券多头和一份外币债券空头的组合。

那么，新泰公司持有的货币互换的价值为：

$6\ 519.10-1\ 081.70\times 6=28.90$（万元）

同样地，泰山公司持有的货币互换的价值即为 −28.90 万元人民币。

5. 股票互换是如何操作的

美国资产管理公司君安集团是一家知名资产管理公司，其在美国市场拥有较高的行业地位。目前君安集团拥有价值 1 000 万美元的股票组合配置。在 2015 年年初时，君安集团判断在未来一段时期内股票市场将出现整体下跌。然而，出于长期资产配置的角度考虑，君安集团并不愿意将手中的股票组合卖出。那么为了对冲股票市场的系统性风险，君安集团应该采取什么策略来有效规避这个风险呢？

所谓股票互换，不是简单地交换两只股票，而是将股票标的在一段时间内的收益与固定利率或浮动利率进行交换。其中，交易一方支付的收益金额将与特定股票、指数等标的证券表现挂钩，而另一方支付的收益金额可按照固定或浮动利率计算。

股票互换与利率互换类似，不需要交换名义本金。然而，股票互换有一个特殊之处，就是股票或指数在持有期内，可能会由于资产价格下跌而出现负收益，此时股票收益的支付方不但不需要支付任何现金，反而可以获得对方的赔偿。另外，在计算股票收益时不但要考虑其价格变化，还应考虑期间内的股息收入。

君安集团应该与另一个公司达成股票互换协议。假设君安集团与国泰集团达成协议，双方商定在 2015 年的 4 月 1 日、7 月 1 日、10 月 1 日以及 2016 年的 1 月 1 日，由国泰集团以年利率 6% 向其支付利息，而君安集团则将各个结算期内的 S&P500 指数收益（即区间涨跌幅，即计息期间期末相对于期初的涨跌幅）支付给对方，如图 20 所示。

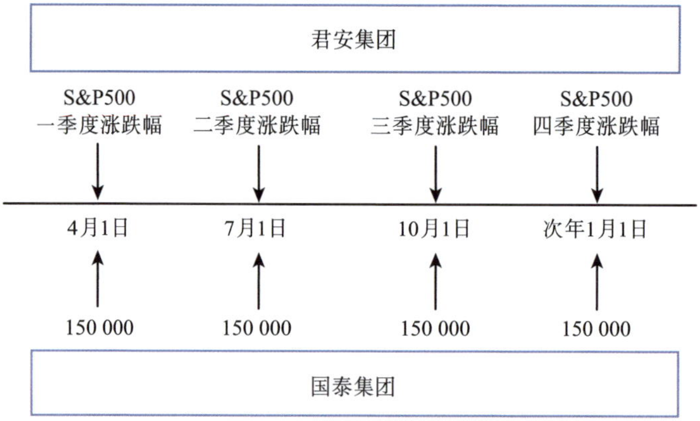

图 20　君安集团与国泰集团股票互换现金流

如果 S&P500 指数在一季度时上涨了 2%，则君安集团将支付 200 000 美元给国泰集团，同时获得国泰集团的 150 000 美元利息收入，若 S&P500 指数在一季度下跌了2%，则君安集团将支付－200 000美元，并获得150 000美元利息收入，即该期互换收入合计为350 000美元。显然，通过股票互换协议，君安集团对冲了其股票的系统性风险（即指数波动），并获得了固定的收益，即将股票未来的潜在收益和风险转化为了固定收益。如图21所示。

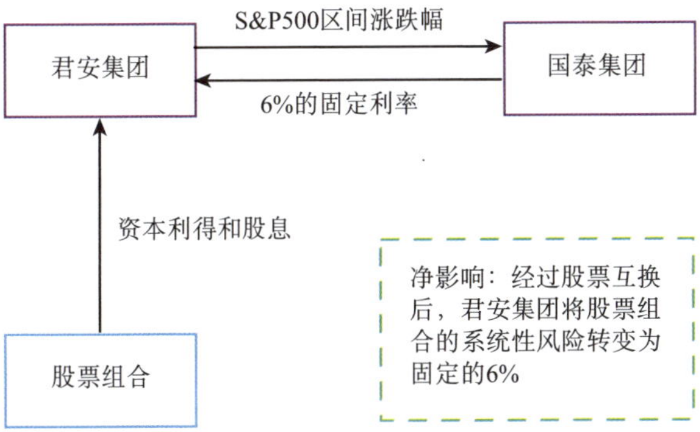

图21　君安集团与国泰集团股票互换现金流

6. 浅谈用互换管理信用风险

（1）用CDS管理信用风险

①CDS有那么神秘吗

信用违约互换（Credit Default Swap，CDS）又称为信贷违约掉期，是进行场外交易的最主要的信用风险缓释工具之一，也是目前全球交易最为广泛的场外信用衍生品。信用违约互换是一种能够将参照资产（Reference Obligation）的信用风险从信用保护的买方（Protection Buyer）转移给信用保护卖方（Protection Seller）的金融合约。在信用违约互换交易中，违约互换购买者定期向违约互换出售者支付一定费用（称为信用违约互换点差），而当参照实体（Reference Entity）一旦出现信用类事件（主要指债券主体无法偿付），违约互换购买者将有权利将债券以面值递送给违约互换出售者，从而有效规避信用风险。违约互换的出售者向购买者所遭受的损失进行的这种赔付是一种或有偿付，即当合约到期时，如果参照实体没有发生任何信用事件，则信用保护的卖方无须向买方进行任何资金支付，合约终止。如图 22 所示为信用违约互换的结构图。

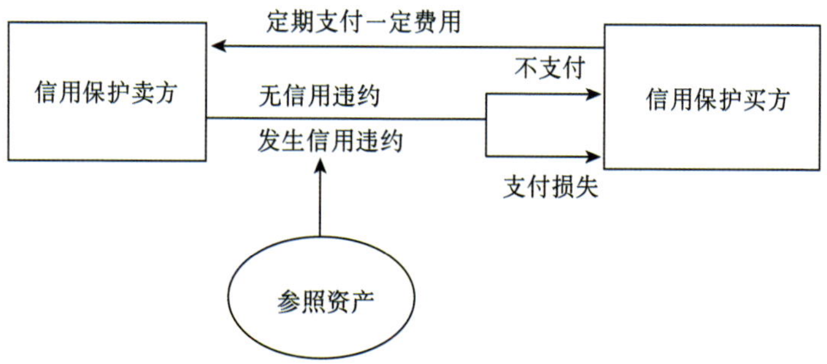

图 22　信用违约互换结构图

举个简单的例子，假如 A 借钱给了 B，每年得到一定的利息，到期 B 还本付息，但是借出去的钱总有一定风险，万一 B 未能按时将钱还给 A，则 A 会遭受损失。此时 C 提供一项服务，只要 A 支付给 C 一定的利息或保险费用，若 B 未能按时偿付 A 的本息，由 C 来对 A 进行偿付。这个 A 和 C 达成一致协议所签订的合约就是 CDS。此外，C 还可能将 CDS 打包后再卖给其他人，这样风险就会层层传递下去。

在 CDS 合约中，CDS 买方定期向卖方支付一定的费用，这个费用一般用基于面值的固定基点表示。如果不出现信用主体违约事件，CDS 卖方没有任何现金流出。而一旦信用主体出现违约，CDS 卖方有义务以现金形式补偿债券面值与违约事件发生后债券价值之间的差额，或者以面值购买 CDS 买方所持债券。CDS 卖方可由主承销商或商业银行等第三方来担任，并且可以在银行间市场或其他市场进行 CDS 的交易，从而转移自身的担保风险。通常 CDS 交易发生在两个参与主体之间，购买 CDS 称作购买保护或多头保护，违约互换的购买者被称作“信用保护的买方”，出售 CDS 称作出售保护或空头保护，违约互换的卖方被称作“信用保护的卖方”。信用保护的买方一般为银行，卖方通常为投资银行或主承销商。

②信用违约互换在国内国外的发展情况

世界上第一笔 CDS 诞生于 1993 年。彼时，美国埃克森石油公司因为原油泄漏而面临 50 亿美元罚款，埃克森找到了老朋友 J. P. 摩根银行请求贷款支持。但是，根据国际标准巴塞尔协议对银行贷款 8% 的资本储备要求，这笔贷款要占用 J. P. 摩根 4 亿美元的资本储备金。为此，J. P. 摩根金融衍生品部门想出一个办法，他们找到了欧洲复兴开发银行，提出由 J. P. 摩根每年向欧洲复兴开发银行支付一定费用，而欧洲复兴开发银行来保证这笔贷款没有任何风险。如果埃克森违约无法偿还贷款，欧洲复兴开发银行则承担 J. P. 摩根的损失；如果埃克森没有违约而偿还贷款，欧洲复兴开发银行则会取得不错的收益。这次发明给各方都带来了收益。埃克森获得了贷款；J. P. 摩根获得了利息收入以及 50 亿美元的额外信用额度；而欧洲复兴开发银行则没付出什么，就轻轻松松获得了一笔保险佣金。CDS 由此获得市场认可。

信用违约互换从 2000 年起进入了快速发展阶段，一方面是由于 ISDA 在 1999 年创立了标准化的 CDS 合约，规范了场外交易的秩序；另一方面，信用违约互换还与资产支持证券相结合，成为抵押贷款支持证券（MBS）和担保债务凭证（CDO）中的重要环节，次级抵押贷款的规模增大促进了信用违约互换市场的发展壮大。

根据国际清算银行（Bank for International Settlements，简称 BIS）的数据统计显示，从 2004 年到 2007 年，全球信用违约互换市场未清偿余额从 2004 年末的 6.4 万亿美元增长到 2007 年末的 61.24 万亿美元，年均复合增长率接近 112%。2008 年金融危机之前，次级贷款规模的增大促进了信用违约互换市场的发展，也正是因为信用违约互换的高杠杆率，它也被认为是次贷危机引发的系统性金融风险的根源。金融危机爆发之后，CDS 的风险性受到了各方的关注，危机的爆发体现了信用违约互换市场中监管的缺陷，场外交易的信息量大，市场透明度低，信息不对称等都给监管带来了难度。随后，ISDA在2009年的“大爆炸”里出台了一系列改革文件，对CDS的票息和交割等进行了更加详细的规定。各方监管的加强使得CDS合约的规模逐年下降，后趋于平稳，2020年为8.36万亿美元。全球信用违约互换市场规模增长情况如图23所示。图中黄色线条为单名信用违约互换（Single－name CDS），是指让投资者押注某个公司或者某个国家会否违约的工具，即有唯一参考实体的CDS；多名CDS（Multi－name CDS，蓝色线条）指由数个单名CDS构成的篮子或CDS指数。红色线条部分代表全球信用违约互换规模的名义金额总量。

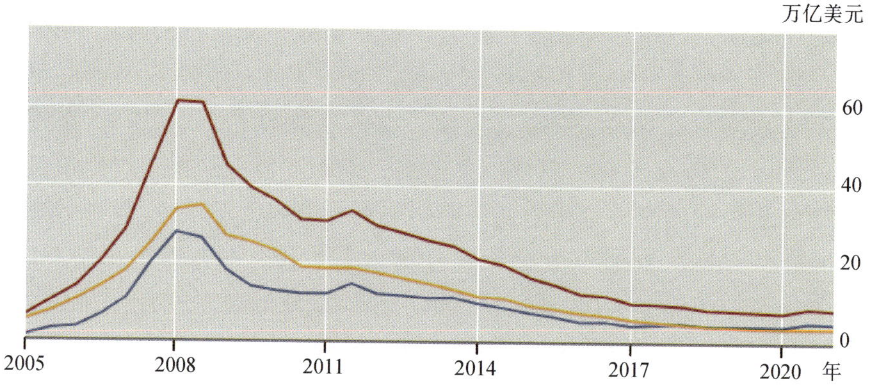

图23　全球信用违约互换市场规模

数据来源：BIS。

2016年9月23日，中国版信用违约互换正式落地。中国银行间市场交易商协会正式发布了《银行间市场信用风险缓释工具试点业务规则》及相关配套文件，推出了CDS、信用联结票据（CLN）等产品指引，标志着备受市场关注的中国版CDS正式面世。仅仅5天后，中国首家省级信用增进投资公司在山西挂牌运营。这家晋商信用增进公司为国有控股股份制非银行金融企业，注册资本40亿元人民币，山西能投集团、黄河万家寨水务集团等6家山西大型国企，合计出资 19 亿元人民币。

（2）用 TRS 管理信用风险

①什么是 TRS

总收益互换（TRS）是指信用保障的卖方在协议期间将参照资产的总收益转移给信用保障的买方，总收益可以包括本金、利息、预付费用以及因资产价格的有利变化带来的资本利得；作为交换，保障买方则承诺向对方交付协议资产增殖的特定比例，通常是 LIBOR 加一个差额，以及因资产价格不利变化带来的资本亏损，如图 24 所示为总收益互换的结构图。

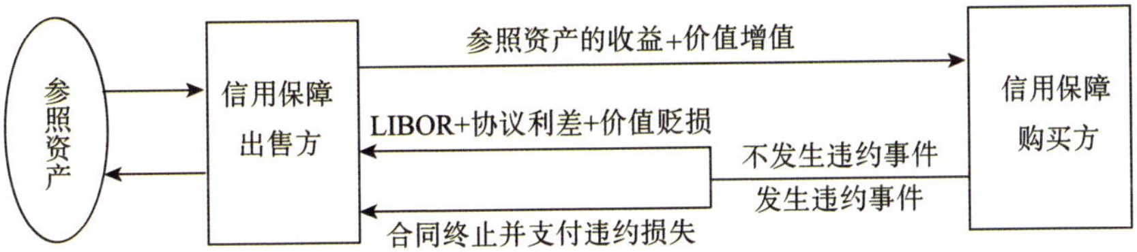

图 24　总收益互换结构图

总收益互换是按照特定的固定利率或浮动利率互换支付利率的义务。在总收益互换中，信用保险卖方或总收益支付方将从信贷资产或“参照信用资产”处获得的收益全部转移给交易对手，即信用保险买方或总收益接受方，而得到一个事先约定的利率回报，该利率可以是浮动利率或者固定利率。总收益互换和信用违约互换最大的区别在于，总收益互换不仅把信用风险转移出去，而且也将其他风险，如利率风险、汇率风险等也转移了。如果由于信用事件而使参照信用资产的市场价值下降，那么信用保险买方就会因信贷资产市场价值的下降而遭受损失。但它在互换合约中所获得的利率收入就有可能大于其支付的总收益，于是两者的差额便可以被用于冲销它在信贷市场上的损失。

鑫诚公司与瀚阳公司签订了 5 年期总收益互换，该互换面值为 1 亿美元，收益条款规定鑫诚公司支付 A 企业债券的总收益给瀚阳公司，同时收到瀚阳公司支付给其 LIBOR 加上 25 个基点。这一产品相当于是 A 企业债券的总收益与 LIBOR +25 个基点进行互换。这一衍生产品如图 25 所示，在券息付出日期，鑫诚公司将价值 1 亿美元的 A 债券所收入的券息付给瀚阳公司，同时瀚阳公司将面值为 1 亿美元且按利率为 LIBOR 加上 25 个基点所得出的利息付给鑫诚公司（利息付出方式同通常的利率互换一样，利率设定日期与券息日相同，但利息付出日要在下一个券息日）。互换合约最后一个支付应该反映债券价值的变化。例如，如果 A 债券在互换期限内价值增长了 10%，在 5 年时付出方需要付出 1 000 万美元（1 亿美元的 10%）；如果债券价格降低了 15%，收入方在 5 年时需要向付出方支付 1 500 万美元。如果债券违约，总收益互换合约将会中止，但是债券总收益的收入方必须向付出方支付 1 亿美元与违约债券市场价格的差值。

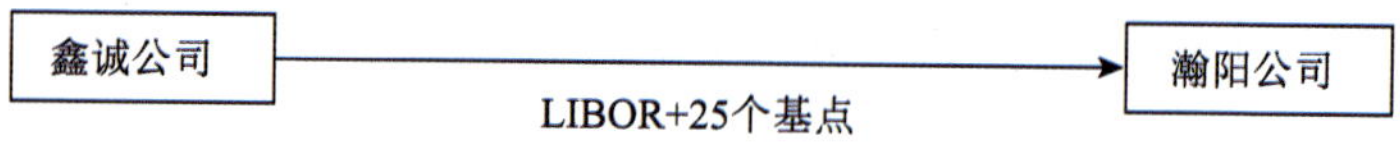

图 25　鑫诚公司签订的总收益互换结构图

②我国 TRS 的运作模式主要流程

a. 银行发行非保本浮动型理财产品募集资金，募资完成后将投资于银行定期存款，资金在理财客户的保证金账户中形成类似于结构性存款的保证金存款；

b. 银行通过自营资金或者同业资金投资于券商定向资管计划、单一信托计划、基金子公司专项计划等非标资产，通过券商、信托、基金子公司等通道机构以委托贷款的形式为客户融资；

c. 理财产品所投资的定期存款为银行所投资的非标资产提供质押担保，而理财客户亦需和银行签署担保合同。同时，资管计划与理财产品通过签订 TRS 协议，将利息较低的定期存款收益互换为利息较高的资管产品浮动收益。

③TRS 如何实现共赢

TRS将潜在的投资关系包装成收益互换关系，可以实现三方（银行、投资者、融资客户）共赢。

a. 对于银行而言：增加存款，降低贷存比——TRS理财产品投资于银行定期存款，形成保证金存款，增加了一般性存款，降低了银行的贷存比考核压力；不增加风险资产，资本零占用——保证金存款冻结期限截止日与融资期限到期日，银行投资的非标资产由于有TRS的保证金存款作足额质押，因此该投资扣除风险缓释后的风险敞口为0，并不占用银行的资本；不增加银行理财非标规模压力——TRS投资的是银行定期存款，并非直接投资非标资产，绕开银监会8号文的监管。

b. 对于投资者而言：理财资金不直接参与非标投资，但通过互换获得了较高的非标资产收益。另外，虽然通过互换投资者承担非标资产的名义风险，但实际仍是由银行刚性兑付。

对于授信存在瑕疵的企业融资客户（尤其是政策限制贷款行业的客户）来说，可通过非标渠道成功融资。

场外期权的独有千秋

1. 场外期权的追根溯源

猪猪乐公司是一家饲料加工厂，主要进行饲料的加工销售，以豆粕为原材料，每月滚动进货，由于前期豆粕价格持续下跌，企业认为豆粕价格已经接近底部，担心豆粕价格即将上涨，进而影响企业的成本。此时如果你是猪猪乐公司的李总，在综合考虑各种因素后，你会提出什么策略来降低企业亏损的概率呢？

场外期权（Over the Counter Options，OTC Options，也可译作“店头市场期权”或“柜台式期权”），是指在非集中性的交易场所进行的非标准化的金融期权合约交易。

李总应该选择场外期权。原因有两点：第一，农产品进入六月七月天气炒作期，价格波动较大；第二，豆粕期货贴水状态。基于这两点原因，期权保值效果将优于期货。猪猪乐公司买入看涨价格保险后，如果价格跌了，可以以更低的价格进货，期权头寸可以选择投机操作，后续价格一旦上涨，可享受现货与期权的双份收益；如果价格直接上涨，则坚持到现货点价后平出，达到保值效果。

2. 利率期权的凌波微步

大连远方公司是一家贸易公司，经营对日出口产品。由于企业效益好，因此公司拥有较多的闲置资金。所以远方公司想利用这笔闲置资金获取收益，但是又不想投入股票市场，现如今公司投资部经理与银行联系，银行给出了一些理财建议。现在银行同业拆借利率为8%。如果你是远方公司投资经理，你会如何选择与银行的合作策略以保证资金收益呢？

利率期权是指标的资产为利率工具——利率或与利率挂钩的产品，如国债、存单等——的期权产品。早期，银行为提高自身的竞争力向市场发行浮动利率的票据，但需要一种金融工具来规避利率风险，1985年，推出了最早的场外利率期权——利率上限期权（Cap）。

传统的场外利率期权市场往往由一个或多个做市商提供双向报价，交易商可以与做市商或者与交易商之间通过电话协议成交，目前也有通过电子交易系统平台进行的场外利率期权交易，以便利市场交易者进行交易，并通过清算平台相连，实现交易的直通式处理。

场外利率期权最终交易的价格一般是由交易双方协议确定的，因此，没有像交易所那样的连续透明的价格，但是市场上还是有许多数据提供商的，如Super Derivatives、Markit等，提供场外利率期权交易的参考数据，并且提供定价、市场分析等功能，为交易者交易利率期权提供定价准则。其中，Super Derivatives能够24小时不间断地提供各种场外利率期权产品的相关数据，包括利率互换期权、利率上限期权、利率下限期权以及奇异期权等，涵盖了利率期权市场的相关利率和波动性的全部历史数据和实时数据。另外，该系统还支持利率期权的估值定价以及风险管理等功能。

远方公司以浮动利率运用其闲置资金，为避免由于将来利率下跌而使资金运用收益率降低，决定从银行购买同业拆借利率为基础利率，交易有效期为3年，利率的最低限（保底水平）为8%，每3个月交割一次，名义本金为 100 万美元，购买保底期权的费用为名义本金的 1%。该企业支付给银行 1 万美元，从而成为该项保底期权的买方，银行则是该期权的卖方。在利率更换日或交割日，与实际利率比较，若 3 个月的伦敦银行同业拆借利率低于 8%，保底期权卖方就要将不足部分的利息支付给买方。假设实际利率为 7%，那么保底期权卖方要支付的利息就为 250 美元 [= 100 万 ×（8% - 7%）×90 天/360 天]。如果 3 个月的伦敦银行同业拆借利率恰好等于或高于 8%，通过保底期权交易，买方也可以享受到资金收益率上升的好处。因为期权买方支付给卖方的利率差额足以抵消利率下降给买方造成的亏损，从而使买方的资金收益率仍维持在一个较高的水平。

利率双限期权 VS 利率互换期权

（1）利率双限期权

大连北方剧场是东北知名的经纪公司，拥有多名一线话剧演员。由于企业发展迅速，北方剧场想将其特有的地方文艺推广到南方市场，但是由于所需资金较多，公司目前资金周转不开，于是决定发行债券进行融资。经过董事会研讨，一致决定公司在 2015 年 3 月 1 日发行 1 000 万元人民币一年期债券，该债券每半年付息一次，利率为 6M - LIBOR（伦敦银行间同业拆放利率）+25 个基点（BP）计算得到。即北方剧场必须在 2015 年的 9 月 1 日支付利息，2016 年的 3 月 1 日支付利息和本金。可是北方剧场担心利率上涨会引起融资成本上升，但又觉得购买利率上限期权的成本过高，那么如果你是北方剧场投资经理，你将如何规避利率上涨引起的成本提高问题？

利率双限期权（Interest Rate Collar）又称“利率上下限”或“利率领圈期权”，目的是确保支付与指定的市场利率介于上下限水平之间，可以看作是一个利率上限的长头寸和一个利率下限的短头寸的组合，即利率双限期权的买入方相当于买入一个利率上限的同时卖出一个利率下限，该利率上限期权和利率下限期权具有相同的到期日，但上限的执行利率比下限的执行利率高。

利率双限期权在构造时往往被构造成零成本，即利率上限期权的权利金等于利率下限期权的权利金。这样企业可以将资金成本控制在一定的范围内，若利率波动在范围内，投资人的融资成本为市场利率；若利率波动超过此范围，则利率双限期权生效，避免了市场利率大幅波动带来的风险，同时投资人无需负担任何费用，大大降低了避险的成本，因此，零成本的利率双限期权是非常流行的利率避险工具。其损益图如图 26 所示。

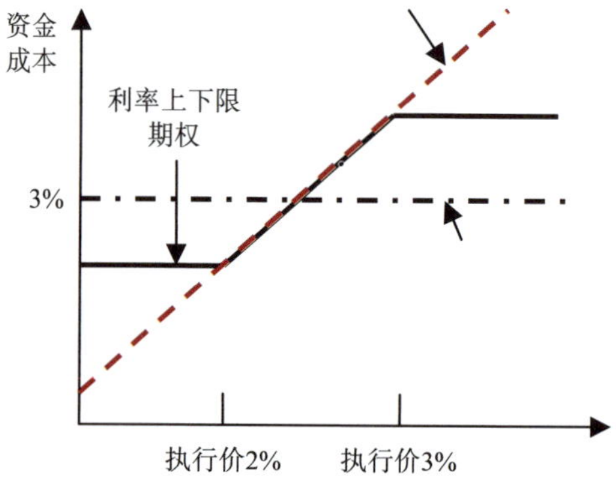

图 26　利率双限期权的损益图

北方剧场决定放弃部分利率下跌带来的融资成本降低的收益，购买一个利率双限期权，将融资成本控制在一定水平之内。北方剧场与中国银行签订了一份利率双限期权合约。该合约期限为 1 年，面值 1 000 万美元，上限利率为 5%，下限利率为 4%，每半年支付一次，支付日与付息日相同。即中国银行承诺，在未来的一年里，如果重置日的 6M－LIBOR 超过 5%，则银行 12 个月后向北方剧场支付重置日 6M－LIBOR 利率和利率上限 5% 之间的利息差，即支付金额为 0.5 × Max {0，(6M－LIBOR－5%)} ×1 000 万美元[①]。如果重置日的 6M－LIBOR 低于 4%，则北方剧场 12 个月后向银行支付重置日 6M－LIBOR 利率和利率下限 4% 之间的利息差，即支付金额为 0.5 × Max {0，

① 实际交易中，利息支付需要约定计量天数的惯例，例子中进行简单处理。

(4% -6M-LIBOR)} ×1 000 万美元①。利率上下限的费用为 0②。则整个交易流程如图 27 所示。

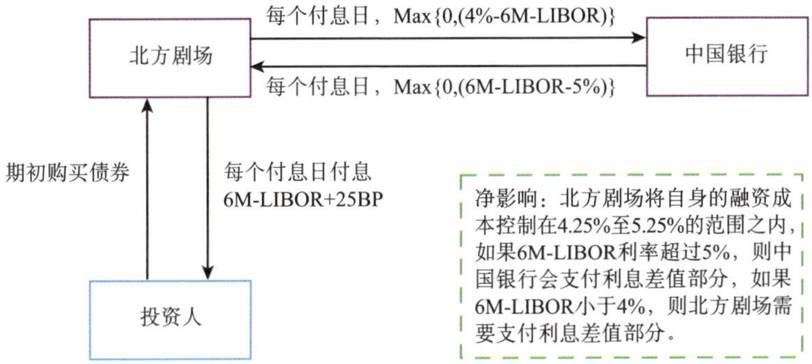

图 27　北方剧场与中国银行的关系图

北方剧场的现金流如图 28 所示。

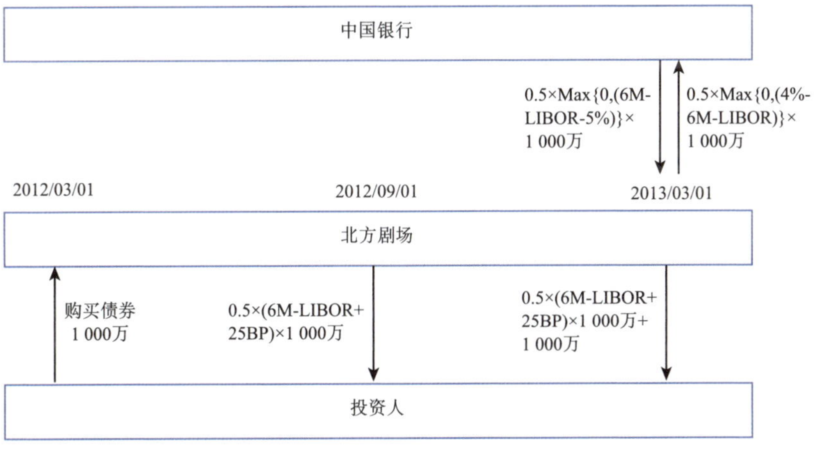

图 28　北方剧场的现金流

① 实际交易中，利息支付需要约定计量天数的惯例，例子中进行简单处理。

② 通常情况下，在进入利率上下限时通常会使得上限的价格等于下限的价格，因此，进入利率上下限的交易成本为零。

利率双限期权交易可以帮助企业控制融资成本，同时又不增加额外的成本，即企业放弃一部分利率下行带来的收益，来换取利率上行时融资成本的保护，从而将整体的融资成本控制在可接受的范围内。通过购买利率双限期权，北方剧场将自己的融资成本保护在 4.25%（=4%+25BP）到 5.25%（=5%+25BP）之间。

- 如果市场利率 6M－LIBOR 为 6%，则北方剧场需要向投资者支付 31.25 万美元（=0.5×（6%+25BP）×1 000 万美元）的利息，由于购买了利率双限期权，中国银行向北方剧场支付 5 万美元（=0.5×（6%－5%）×1 000 万）。北方剧场最终支付 26.25 万美元。
- 如果市场利率 6M－LIBOR 为 3%，则北方剧场仅需要向投资者支付 16.75 万美元（=0.5×（3%+25BP）×1 000 万美元）的利息，由于购买了利率双限期权，北方剧场支付中国银行 5 万美元（=0.5×（4%－3%）×1 000 万美元）。北方剧场最终支付 21.25 万美元。
- 如果市场利率 6M－LIBOR 为 4.5%，则北方剧场仅需要向投资者支付 23.25 万美元（=0.5×（4.5%+25BP）×1 000 万美元）的利息，利率双限期权未生效，北方剧场既无需支付也没有收入。北方剧场最终支付 23.25 万美元。

（2）利率互换期权

海昌公司是黑龙江省的一家公司，主要经营眼药水的研制和销售，在国内市场上具有一定的行业地位。目前海昌公司因业务扩张需要一笔资金，经过董事会研究，一致决定通过发行债券方式来融资。按以往的惯例，海昌公司会不定期地发行固定利率并附有赎回选择权的债券，假设海昌公司决定发行一个 5 年期固定利率为 5%，附有第二年后可赎回的债券，但是如果发行此债券，就不得不考虑一些市场因素，例如将来如果市场利率降为 4%，那么海昌公司就会面临融资成本升高的问题。假如你是海昌公司投资部门人员，你将如何选择一个金融产品，来有效地规避这种利率风险呢？

利率互换期权是指标的资产为利率互换合约的期权，期权的买方在期初支付一笔权利金给期权的卖方，期权的买方有权在未来某特定时间执行该权利，以事先约定的利率建立利率互换合约。

利率互换期权按照标的资产的利率互换合约收付利率类型可以划分为以下两类：

- 支付固定利率的利率互换期权（Payer's Swaption）

该利率互换期权的买方有权获得一个“支付固定利率、收取浮动利率的利率互换合约”，一旦未来互换利率高于执行价格时，买方将选择执行，这样就可以享受到以较低的利率进行利率互换的好处。

- 收取固定利率的利率互换期权（Receiver's Swaption）

该利率互换期权的买方有权获得一个“收取固定利率、支付浮动利率的利率互换合约”，一旦未来互换利率低于执行价格时，买方将选择执行，这样就可以享受到以较高的互换利率进行利率互换的好处。

利率互换期权按照市场的交易习惯以及期权买方可以执行权利的时间点划分，可以分为以下三类：

- 欧式利率互换期权（European Swaption）

欧式利率互换期权为市场上常见的互换期权，买方仅能在期权到期日执行期权，决定利率互换合约是否生效。

- 美式利率互换期权（American Swaption）

美式利率互换期权的买方可以在期权到期日之前的任意时点执行期权，决定进入事先约定好的利率互换合约。但由于美式互换期权的价格较高且不容易对冲风险，因此市场上比较少见。

- 百慕大式利率互换期权（Bermudan Swaption）

百慕大式利率互换期权介于欧式和美式之间，买方仅能在约定的期权有效期内的特定时点执行期权，决定是否进入事先约定好的利率互换合约。百慕大式利率互换期权常常用来较长期的避险，因此，在市场中也较为常见。

海昌公司应该在市场上同时买入和卖出收取固定利率5%的利率互换期权（Receiver's Swaption），经过这一系列操作，海昌公司不但降低了自己的发债成本，而且未来的利率变化也不会给公司带来损伤。

假设未来利率上涨至6%，利率互换期权的买方可以在市场上收取6%的利息，放弃行权更加有益，这时海昌公司也不会执行提前赎回权，海昌公司的融资成本为5%；

相反的，假设未来市场利率下降至4%，利率互换期权的买方会选择行权，因为收取5%的固定利率比收取市场利率4%更加有利，这时海昌公司必须履行支付固定利率5%，收取浮动利率的义务，但同时海昌公司亦会执行债券的赎回权，终止支付债券投资人5%的固定利息，而改以货币市场融资方式负担浮动利率的资金成本，如此一来，一收一付浮动利率相互抵销，海昌公司的资金成本仍然维持在固定利率5%的水平。

第二年市场利率上升或者下降时，海昌公司的操作如表8所示。

表8　　海昌公司资金成本对照表

	利率上升	利率下降
附赎回权债券（Callable Bond）	不执行	提前赎回终止债券
卖出收取固定利率的利率互换期权（Sell Receiver Swaption）	不被要求履约	被要求履约付固定5%，收取浮动利率
海昌公司的资金成本	固定利率5%	固定利率5%

3. 外汇期权的筋斗云

外汇期权（Foreign Exchange Options）在国际上更普遍地被称为货币期权（Currency Options）或外币期权（Foreign Currency Options），指的是标的资产为约定的汇率的期权。其中也包括看涨期权和看跌期权。但值得注意的是，外汇期权中的看涨期权与看跌期权均是相对货币对而言的，具体形式如图29所示。一般来说，外汇期权的期权费在签订交易合约之后两个营业日内以期权所涉及的两种货币中的任何一种货币支付，有时也可以第三国货币支付。

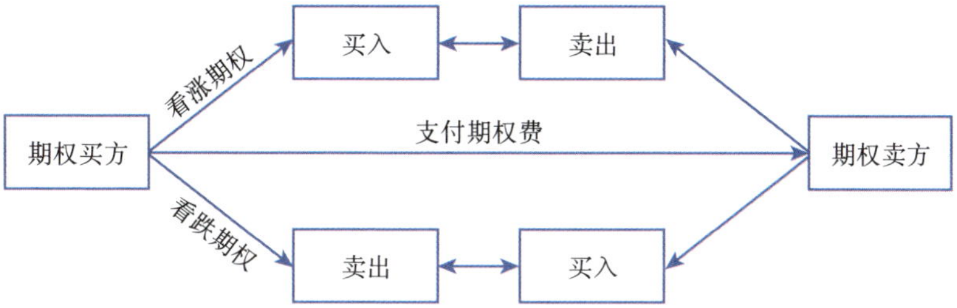

图 29　期权的基本交易形式

外汇期权的场外交易开始于 20 世纪 80 年代，这主要由两大因素促成的：一方面随着 20 世纪 70 年代初期布雷顿森林货币体系出现危机到最终崩溃，国际金融市场上汇率波动日益剧烈，例如，1959 年至 1971 年联邦德国马克对美元的日均波动幅度 1 马克为 0.44 美分，而 1971 年至 1980 年，日均波动幅度增长了近 13 倍，1 马克达 5.66 美分。另一方面，随着国际贸易的发展，国际间的商品与劳务贸易量迅速增长，使得越来越多的交易商面对汇率变动剧烈的市场急需寻求避免外汇风险的有效途径，因此市场上有了大量规避汇率风险的需求。

场外外汇期权就是在这样的背景下诞生的，自其诞生之后便发展极为迅速。从 BIS 的统计数据来看，1998 年有一个短暂的下跌之后即进入快速增长期，直到 2008 年次贷危机爆发，场外外汇期权的交易量有所下降，至今未能回到危机前的高点。截至 2020 年 12 月，外汇期权的未平仓金额达到 11.67 万亿美元，如图 30 所示。

从期权在场外外汇类衍生产品中的重要性来看，BIS 的统计数据显示，外汇类场外衍生产品的期权占比不高，始终没有超过 25%，且金融危机之后呈现下降的趋势。截至 2020 年 12 月底，外汇类期权占整个外汇类场外衍生产品的比重为 11.96%。

截至 2020 年 12 月底，BIS 统计的外汇期权的主要基础资产：美元、英镑、加元、欧元、日元、瑞典克朗和瑞士法郎的分布如图 31 所示。

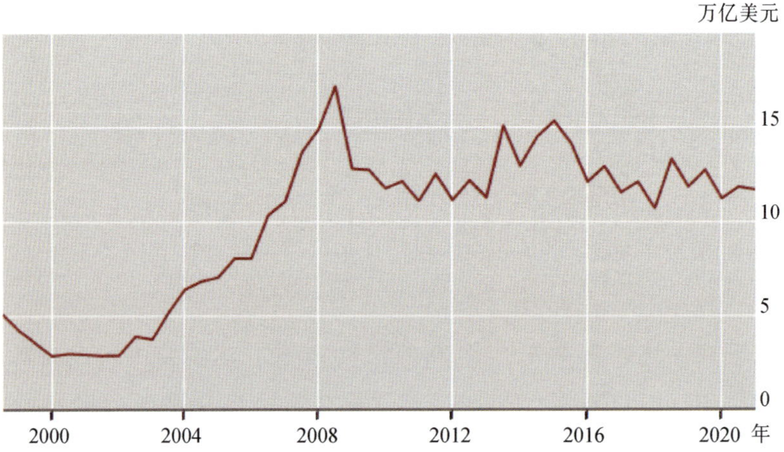

图 30　场外外汇类期权未平仓名义金额（2000～2020 年）

资料来源：BIS。

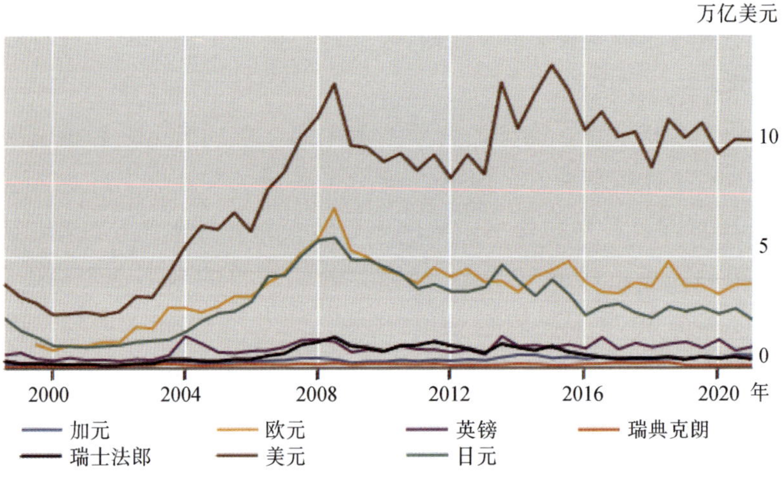

图 31　场外外汇类期权币种分布图（2020 年 12 月）

资料来源：BIS。

案例

兴荣集团购买日本某企业商品，货款为24亿日元，双方约定3个月后以日元支付，而兴荣集团现在持有的是美元。如果签订进出口合同时的期权价格为200 000美元，协议价格为1美元＝240日元；同时，3个月的远期汇率为1美元＝240日元。那么在不同情况下兴荣集团应如何通过期权交易规避汇率风险呢，效果如何？

假设3个月后市场汇率将出现下列三种情况，我们来分析兴荣集团分别采用这两种交易方式在三种情况下的损益情况，并比较这两种交易方式的特点。

日元升值，3个月后现汇汇率为1美元＝220日元；

日元稳定不变，3个月后现汇汇率仍为1美元＝240日元；

日元贬值，3个月后现汇汇率为1美元＝260日元。

解答：

（1）日元升值，3个月后现汇汇率为1美元＝220日元。此时兴荣集团购买24亿日元需支付1 090万美元。行使期权按1美元＝240日元只需付1 000万美元，加上期权费则为1 020万美元，避免了70万美元的损失。

（2）日元稳定不变，3个月后现汇汇率仍为1美元＝240日元。在现汇市场上购买24亿元日元需支付1 000万美元，行使期权以1美元＝240日元需支付1 000万美元。放弃行使期权，支付20万美元期权费，与现汇交易相比兴荣集团多付20万美元期权费。

（3）日元贬值，3个月后现汇汇率为1美元＝260日元。在现汇市场上购买24亿日元需支付920万美元，则兴荣集团放弃期权，节约获利60万美元。

利用外汇期权管理汇率风险

外汇期权的主要经济功能在于防范汇率风险。持有某种外汇的投资者可以通过购买看跌期权，就能以仅负担期权费为代价避免所持外汇贬值的风险。预定将来购买某种外汇的投资者可以通过购入看涨期权，就能以仅负担期权费为代价，避免实际购入外汇时外汇价格上升所带来的风险。

政治和经济因素在很大程度上决定了一种货币的稳定性，这就是为什么有时汇率的波动性很大，而投资者正是利用了这种波动性进行外汇期权交易，从而达到保护某一货币因为汇率波动而蒙受损失或通过分析预测汇率的走向获利的目的。

外汇期权交易的标的资产是远期汇率（Outright Forward Foreign Exchange Rate），且期权赋予买方更灵活的交易方式，除了可以用来规避汇率大幅变动的风险外，还可以用来规避汇率小幅波动的风险。有时汇率处于盘整阶段时，通过适当的期权组合，投资者不仅不会亏损，反而会盈利。所以外汇期权既为客户提供了外汇保值的方法，又为客户提供了从汇率变动中获利的机会，具有较大的灵活性。

我们以一个进出口企业为例，来说明外汇期权如何防范汇率风险的。

①锁定汇率风险可以购买外汇期权

兴荣集团进口一批货物，货款为50万欧元并需要在一个月后支付，但其手中持有的为美元，目前的汇率为1欧元=1.2000美元。如果一个月后汇率仍然为1.2000（欧元/美元），则兴荣集团需要花60万美元购买欧元支付货款；如果一个月后汇率变为1.4000（欧元/美元），则需要花70万美元购买欧元支付货款。由此可见，汇率的变动对需要换汇的企业影响很大。

为防止一个月后欧元兑美元的汇率可能大幅上升，兴荣集团可在市场上购买一个执行价为1.2000:1的“美元兑欧元、期限为一个月”的欧式看涨期权。设协定汇率为1.2000（欧元/美元），期权费为8 500美元，那么兴荣集团则有权在将来期权到期时，以1欧元=1.2000美元向期权卖方购买约定数额的欧元。

如果在期权到期时，市场即期汇率低于1.2000（欧元/美元），兴荣集团可以不执行期权，企业损失的只是8 500美元期权费。相反，如果在期权到期时，1 欧元 = 1.4000 美元，那么兴荣集团则可决定执行期权，要求期权卖方以 1 欧元 = 1.2000 美元的汇率将欧元卖给他们，这样兴荣集团节省了 9.15（= 70 − 60.85）万美元。

②认为外汇波动不明显，可以选择卖出期权适当地规避汇率风险。

如果客户认为在未来的一段时间内外汇波动不明显，购买外汇期权来规避风险的成本过高，可以通过卖出外汇期权来获得一定程度的保护。仍以之前的例子来说明：

假设兴荣集团手中持有美元，并需要在一个月后用欧元支付进口货款，设货款为 50 万欧元，目前的汇率：1 欧元 = 1.2000 美元。如果客户认为一个月内欧元相对于美元的汇率较为稳定，或者汇率有可能小幅下跌，那么应该采取何种措施规避汇率风险呢？如果购买外汇期权，则避险成本过高，那么兴荣集团可以卖出执行价为 1.1500:1 的“美元兑欧元、期限为一个月”的欧式看跌期权，期权费为 7 500 美金。

如果未来一个月欧元兑美元的汇率没有变化，则兴荣集团获利 7 500 美元；如果欧元升值，则看跌期权失效不被执行，兴荣集团获得期权费 7 500 美元，弥补部分汇率上涨的损失；如果欧元贬值，即欧元/美元的汇率低于 1.1500:1，则期权被执行，兴荣集团需要按照 1.1500:1 的价格兑换为欧元，这时因欧元贬值而获得的利润减少。

卖出期权在汇率波动较小，出现横盘整理的行情时都可以获得收益。一些拥有外汇存款的客户也会利用卖出外汇期权的策略在外汇定期存款利率非常低的情况下增加投资收益，但投资者如果对未来汇率的变动方向判断错误，则手中的存款将面临被折成另一种货币的风险。

4. 场外股权类期权是何方神圣

场外股权类期权是指标的资产为股票价格、一揽子股票即股票组合价格或者股票价格指数，并在场外交易的期权。按照标的资产可以划分为三类：

单一股票期权、股票组合期权、股票指数期权。

从 BIS 的统计来看，与很多场外衍生产品的发展类似，场外股权类期权从 1998 年开始一直保持增长的态势，虽然 2005 年时有一个短暂的回落，但是很快便进入到快速增长期，但是到 2008 年金融危机时，场外股票类期权未平仓名义金额也出现了快速下跌，至今没有恢复到危机前的水平，如图 32 所示。

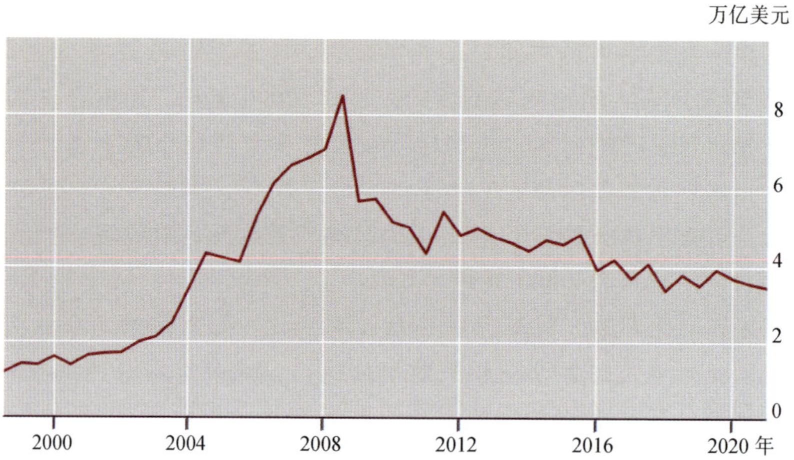

图 32　场外股权类期权未平仓名义金额（2000～2020 年）

资料来源：BIS。

从期权在场外股权类衍生产品中的重要性来看，BIS 的统计数据显示，股权类场外衍生产品主要为期权，虽然从 1998 年开始其占比在不断地下降，截至 2020 年 12 月底，股权类期权占整个股权类场外衍生产品的比重为 48.57%。

从地域来看，截至 2020 年 12 月底，美国的场外股权类期权交易占比为 46.81%，是场外股权类期权交易的重要地域，其次是欧洲，占比 29.33%。如图 33 所示。

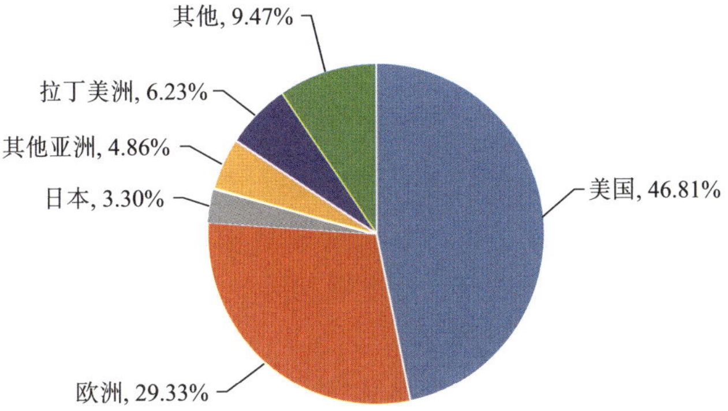

图 33　场外股权类期权地域分布图（2020 年 12 月）

资料来源：BIS。

场外股权类期权被用于各个方面，包括：避险（降低投资组合风险）、套利、增强组合收益率、资产配置、结构化产品设计等各个方面。图 34 大体罗列了常见的场外股权类期权常见的投资策略。

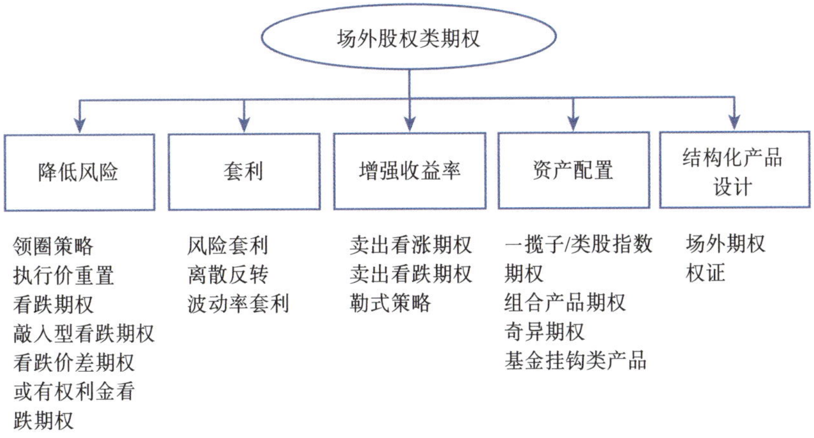

图 34　场外股权类期权投资策略图

5. 场外商品期权的八面玲珑

场外商品期权指标的资产为商品价格、一揽子商品价格或者商品价格指数，并在场外交易的期权。常见的标的商品包括：贵金属和基础金属、原油和其他石油产品、天然气、电力、海运费和天气。

从 BIS 的统计来看，场外商品类衍生产品，特别是场外商品类期权从 2004 年开始经历了一个快速增长期，但是 2008 年金融危机后，其规模迅速下降，特别随着近年欧美等国家对场外衍生品监管的加强，部分的品种也逐步转为交易所交易品种，或者场内、场外两种交易方式并存，场外商品类衍生产品交易规模几乎维持在一定的水平不变，如图 35 所示。

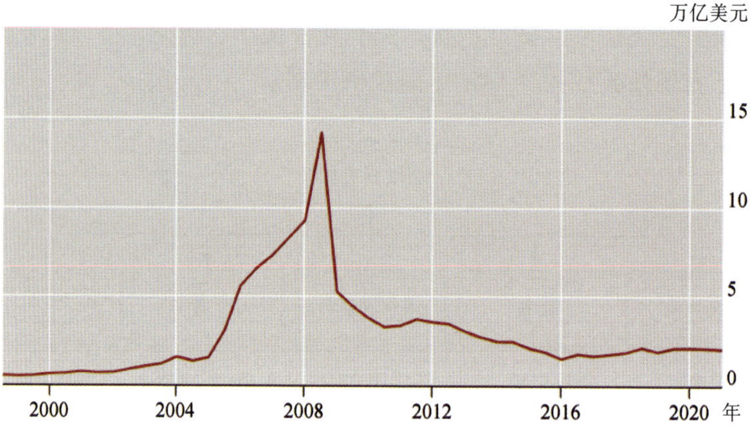

图 35　场外商品类衍生产品未平仓名义金额（2000 ~ 2020 年）

资料来源：BIS。

场外商品类衍生产品交易中期权所占的比重在 30% ~ 60%，从 BIS 的统计数字来看，2006 年商品期权占整个场外商品类衍生产品的比重达到最高的 57.77% 之后，市场比重慢慢下降，后趋于稳定，截至 2020 年 12 月，该比重为 29.19%。

场外商品期权交易目前按照黄金、贵金属、其他商品来统计，截至 2020 年 12 月底，黄金的场外期权占总的商品期权未平仓名义金额的 50.67%，其他贵金属占 5.18%，其他商品占 44.15%，如图 36 所示。

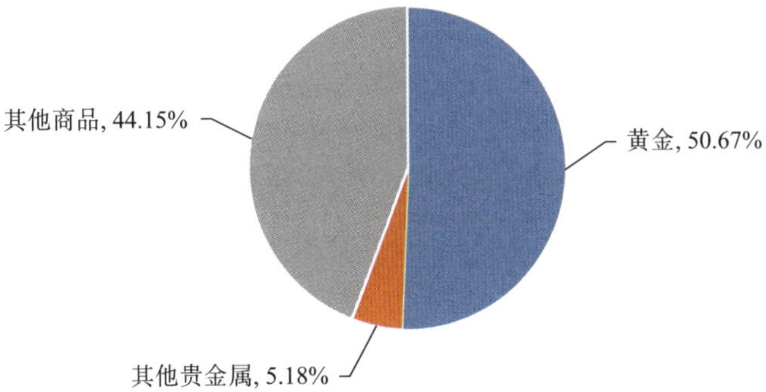

图 36　场外商品期权未平仓名义金额（2020 年 12 月）

资料来源：BIS。

6. 特种产品也丰富多彩

欧式和美式看涨看跌期权等衍生产品可以统称为简单产品（Plain Vanilla Product），这些产品的定义非常标准并且意义明确。在市场上这些简单产品的交易比较活跃，从交易所或衍生产品交易商那里可以随时得到这些产品的价格或者隐含波动率。在场外衍生产品市场内，令人兴奋的是金融工程师发明了许多非标准产品（Exotic Options）或称特种产品（Exotics）。虽然特种产品占整体交易组合的比例仍然很小，但这类产品对衍生产品交易商非常重要，是因为这些产品的盈利要比简单产品更高。

特种产品的产生有许多原因，有时这些产品是为了满足某种对冲需要；有时由于税务、财会、法律或监管等原因，企业资金部、基金经理以及金融机构发现特种产品更能满足他们的需要；有时这些产品的设计是为了反映对于一些市场变量将来走向的预测。在少数情况下，衍生产品交易商设计的特种产品是为了使某些本来普通的产品看起来更加诱人，以此来吸引那些不太老练的资金部主管或基金经理的注意力。

一些比较常见的特种期权如下：组合期权（Package）、永续美式看涨看跌期权、缺口期权、远期开始期权（Forward Start Option）、棘轮期权（Cliquet Option 或者 Ratchet Option）、复合期权（Compound Option）、选择人期权（Chooser Option）、障碍期权（Barrier Option）、二元式期权（Binary Option）、回望式期权（Lookback Option）、喊价式期权（Shout Back）、亚式期权（Asian Option）以及资产交换期权（Option to Exchange One Asset for Another）等等。

“保险+期货”之风举云飞

1. “保险+期货”的庐山真面目

近年来，“保险+期货”得到了我国政府部门和企业的广泛关注，2016年中央一号文件提出要稳步扩大“保险+期货”试点，并在全国范围内开展“保险+期货”的推广运用，自此“保险+期货”逐渐成为我国防范农业生产经营风险的重要措施。

什么是“保险+期货”？简单说，就是将传统的农业保险与现代期货市场制度结合起来，既利用农业保险的优势，又发挥期货市场在风险管理中的独特作用，实现农业保险与期货市场的有机结合。所谓“保险+期货”是指农业企业和农户为规避其生产经营的农产品价格或收入风险，向保险公司购买农产品价格保险或收入保险，保险公司再通过向期货公司购买场外期权或期权组合的方式将农产品价格或收入风险转移至期货公司，期货公司最终利用期货市场的风险规避功能将风险进一步在期货市场进行对冲的业务模式。

“保险+期货”巧妙地利用了期货市场对冲交易和风险管理的功能，将其作为保险公司风险转移的途径，帮助农业生产者规避农产品价格或收入风险。那么，期货公司为何愿意承担保险公司转移过来的价格或收入风险？一方面期货公司可以获得保险公司购买期权支付的权利金，另一方面期货公司借助自身的风险管理能力将价格风险转移到期货市场中，帮助保险公司及时有效地对冲保险产品中的价格波动风险，避免传统农产品价格保险模式下，因农产品价格大幅下降导致大规模赔付而使保险公司保费入不敷出的局面。因此，无论是对农业生产经营者、保险公司还是期货公司，“保险＋期货”业务都能发挥作用，只要运用得当，完全可以实现多方共赢的结果。

从本质上说，“保险＋期货”是由保险公司基于农产品期货价格确定保险条款中的市场预期价格和理赔价格，并为农业生产者提供相关保险产品以转移农产品价格波动和农业生产者收入变动的风险，实现双方所面临风险的“第一次转移”。

同时，农产品价格风险或收入风险具有系统性和规模化的特点，一旦发生保险公司将面临巨额赔付。期货市场的引入为保险公司的风险转移和风险分散提供了必要途径，即期货市场为保险公司提供了类似“再保险”的风险转移机制。保险公司根据承保的农产品品种，向期货公司购买品种相同或相近、数量相当的场外期权，转移自身面临的农产品价格或产量风险，实现风险的“第二次转移”。最终将农业生产经营者面临的价格波动风险和产量风险，通过保险公司和期货公司合作，转移到期货市场，并由期货市场的大量投机者承担。“保险＋期货”风险转移如图 37 所示。

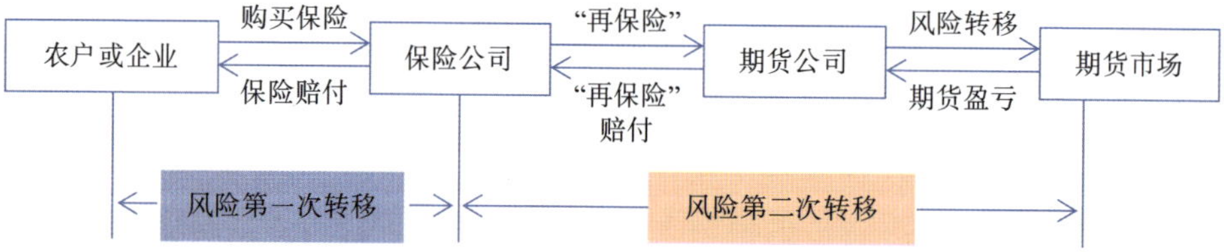

图 37　“保险＋期货”风险转移示意图

2. 如虎添翼的“保险+期货”

作为重要的农业大国，农业是我国至关重要的基础产业，也是保障人民物质生活的基础，更是国民经济发展不可或缺的组成部分。农产品价格不仅关系到生产经营者的切身利益，而且与社会消费者的生活水平息息相关，长期以来一直是我国政府部门和社会公众共同关心的热点问题。农产品价格的高低及波动状况，既受气候、温度、湿度等自然条件影响，也受播种面积、库存以及农业生产者的投入水平等因素影响，通常呈现周期性波动，有时也会出现异常波动，使农业生产经营者面临价格波动风险。

（1）农产品价格保险的缺陷

农产品价格保险能够在一定程度上防范农产品价格波动风险，但其本身具有较明显的缺陷。一是农产品价格保险的目标价格难以确定。农产品价格所受的影响因素较多，且存在不确定性，在设计保险产品时，保险公司往往难以确定保险的目标价格；二是传统上保险公司开展农产品价格保险缺乏风险转移机制。农产品价格波动具有系统性特征，若在全国范围内大面积推广，一旦发生较大的市场波动导致农产品价格过度波动，保险公司难以承受巨大的赔付风险。风险转移机制的缺失使得保险公司开展农产品价格保险的积极性不高，因而难以在全国范围内大面积推广。

（2）农户直接利用期货市场的局限性

从农业企业和农户来看，他们是否能直接利用期货市场的风险规避功能防范其所生产经营的农产品价格风险？理论上来说可以这么做，但从实践来看，农户直接利用农产品期货市场有不可避免的局限性，主要表现在以下几个方面：一是农产品期货合约的交易规模相对较大，对分散化小规模经营的农户来说，准入门槛相对较高。比如我国大豆和玉米期货交易合约的交易单位均为10吨/手，也就是说，最低交易1手合约需要1万公斤大豆或玉米产品，这个数量对生产经营规模较小的农户和中小农业企业而言望尘莫及；二是期货市场对参与主体的要求较高。众所诸知，期货市场是相对专业且需要掌握较多专门知识的金融市场，而我国广大农户的文化水平普遍较低，对期货市场和期货交易制度缺乏足够的认知，对期货交易实践更是知之甚少，总体上不具备利用期货市场进行价格风险管理的条件。

（3）“保险+期货”的优势

“保险+期货”为农产品生产经营者提供了一种操作性较强的避险模式，借助该模式，可将他们所面临的农产品价格波动风险转移至期货市场，从而有效完善农业生产经营者与期货市场之间的连接机制，达到一加一大于二的效果，这有助于克服单纯依靠农产品价格保险或期货市场在防范价格风险上的不足，激发农产品价格保险与期货市场的活力，形成农户、保险公司和期货公司的多赢局面。具体而言，“保险+期货”的优势主要体现为：

①调节农产品供求关系，促进市场稳定。根据农产品供求蛛网模型，农产品当期供给由上一期的价格决定，并且当期农产品价格会影响下一期农产品的供求曲线，因此稳定农产品价格即“保价”能起到“稳供”的作用，从而达到保障粮食安全的目的。“保险+期货”不仅能在很大程度上保障农户收入稳定，而且农户可利用这一业务模式将农产品价格风险转移到期货市场，降低农产品价格波动风险，促进农产品市场价格稳定。

②在保障农户收入基础上，提高财政资金利用效率。我国自2004年起，为提高农户种粮积极性，对主要农产品实行托市收储政策。2008年金融危机引发全球经济萧条，全球粮食价格大幅度下降。由于我国实施托市收购政策，国内粮价持续高于国际粮价，导致许多企业选择从国外进口价格较低的农产品，使我国农产品滞销严重，为保障农户收入，国家不得不大量收储农产品，增加了财政压力，2014年粮食储备的相关支出已达到1 500亿元以上。采用“保险+期货”模式，农产品价格和市场供求相对稳定，则可降低农产品收

储成本，缓解财政资金压力。

③更好地发挥保险产品优势，拓宽保险业务领域。长期以来，我国农业保险的投保量一直较低，自 2007 年以来，农业保险在保单和保费数量上有了一定的提升，但主要局限于产量保险，农产品价格保险和收入保险仍很低迷，究其原因，主要在于农产品价格的不确定常常导致保费价格难以确定。保险公司在确定保费金额时，若以现货价格为主要参考依据，则更多地反映历史信息，无法充分反映未来价格消息。“保险 + 期货”模式因与期货市场相连接，价格信息较为充分，且期货市场本身就具有价格发现的功能，因而能为农业保险提供更可靠的价格信息，有利于保险公司制定合理的保费标准。并且，“保险 + 期货”通过期货市场把本应由保险公司自身承担的价格风险或收入风险转移给期货市场投资者，达到风险转移或分散的目的，能明显提升保险公司的市场竞争力和可持续发展能力。在此过程中，期货市场充当了再保险的角色，保险公司借助期货市场科学的避险措施有力地促进了农产品价格保险和收入保险的蓬勃发展，客观上为拓宽保险公司的业务领域、扩大保险公司的经营范围起到了助推作用。

④完善期货市场的主体结构。我国期货市场起步较晚，期货市场参与者主体结构不平衡，投机现象明显，机构投资者交易不足已成为不争的事实，这不利于市场的长远发展。“保险 + 期货”可使保险公司的套保需求借助期货公司进入市场交易，优化期货市场的参与主体结构，更好地发挥期货市场的价格发现和套期保值作用。此外，期货公司参与“保险 + 期货”业务，事实上也能扩大其业务规模，提高其产品创新力。

3. 生机蓬勃的“保险 + 期货”

(1)“保险 + 期货”品种不断增多

2015 年大连商品交易所首次在我国推出玉米和鸡蛋“保险 + 期货”试点

项目，随后2016年和2019年依次推出大豆和粳米“保险+期货”项目，2021年1月8日，我国首个活体交割期货品种——生猪期货在大连商品交易所挂牌上市，生猪“保险+期货”项目紧随其后在市场推出。郑州商品交易所推出棉花和白糖“保险+期货”试点于2016年8月2日推出，随后为满足市场需求，分别于2018年、2019年和2021年相继推出苹果、红枣和花生“保险+期货”试点项目。我国上海期货交易所于2017年5月26日推出天然橡胶“保险+期货”试点品种。三大商品交易所“保险+期货”推出时间如表9所示。我国三大商品期货交易所农产品“保险+期货”试点的不断推出对于进一步发展我国“保期+期货”业务具有十分重要的意义。

表9　　三大商品交易所“保险+期货”推出时间表

交易所／时间	大连商品交易所	郑州商品交易所	上海期货交易所
2015年	玉米、鸡蛋	—	—
2016年	大豆	棉花、白糖	—
2017年	—	苹果	天然橡胶
2018年	—	—	—
2019年	粳米	红枣	—
2020年	—	—	—
2021年	生猪	花生	—

（2）“保险+期货”产品规模情况

据不完全统计，2016～2019年，大连、郑州和上海三大商品期货交易所的“保险+期货”试点项目共在23个省市开展，试点项目总量达397个，投入资金数额从最初的2 300多万元不断增长到3亿多元，4年时间里增长10倍以上，累计投入数额逾7.3亿元。国内12家保险公司和60家期货公司也积极参与进来，涉及玉米、大豆、鸡蛋、豆粕、天然橡胶、红枣、白糖、苹果、棉花等多个期货品种，其中玉米、大豆、白糖、天然橡胶、棉花和苹果6个农产品共承保767.02万吨，承保面积达1 903.78亩。

从三个商品期货交易所的具体情况来看，大连商品交易所“保险 + 期货”2016年开展12个试点产品，到2019年试点产品达78个，涉及的品种主要包括大豆、玉米、鸡蛋、粳米，试点区域覆盖20个省（区），大约有29万农户参与试点项目，投入经费1.76亿元。郑州商品交易所在2016～2019年4年间共开展“保险 + 期货”试点项目75个，涉及的农产品品种主要包括棉花、白糖、苹果和红枣4个品种，覆盖的省（区）主要有新疆、甘肃、陕西和云南等9个，试点项目惠及农户10万户左右。上海期货交易所于2017年5月正式启动天然橡胶“保险 + 期货”精准扶贫试点项目，到2019年末该项目赔付总额约为1.77亿元，平均赔付率为70%左右。从各个“保险 + 期货”试点项目品种来看，大连商品交易所的玉米和大豆的试点项目比较多，其次是郑州商品交易所的白糖和上海期货交易所的天然橡胶“保险 + 期货”产品，而其他品种的“保险 + 期货”项目推广程度不高。不同产品“保险 + 期货”试点项目的规模如图38所示。

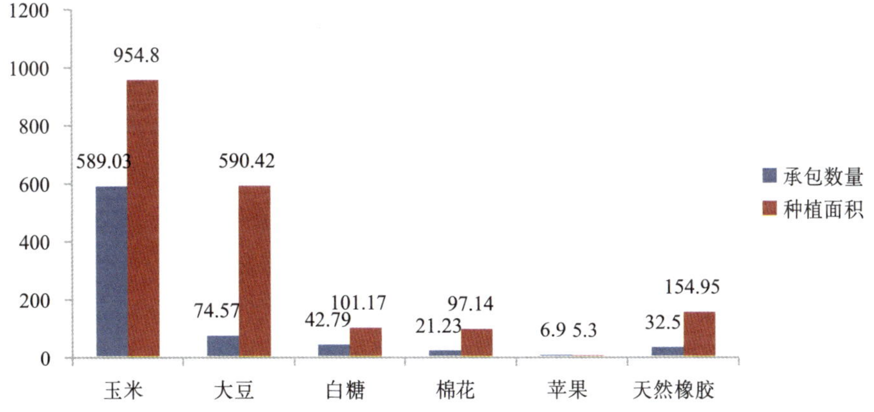

图38　不同产品“保险 + 期货”试点项目的[redacted]

4. “保险＋期货”之百花齐放

近年来，我国“保险＋期货”的运行模式不断创新发展，已形成多种模式共同开展、百花齐放之态。经过对现有模式不同特征的梳理，将其总结为四种典型的模式，分别为价格保护型“保险＋期货”模式、收入保障型“保险＋期货”模式、双向“保险＋期货”模式和订单结合供应链销售的“保险＋期货”模式。

(1) 价格保护型“保险＋期货”模式

该模式是我国最早的“保险＋期货”试点模式，也称为传统模式。2015年8月由大连商品交易所运用于玉米品种，其后被应用在多个品种试点项目中，具体做法如下：

农户担心所生产的农产品面临价格波动风险，向保险公司支付一笔保险费，获得保险公司为其提供的农产品价格保险，在收货季节如果农产品价格低于保险条款约定的最低价格，则保险公司按约定的最低价格向农户赔付差价。保险公司与农户签订保险合约后，要承担农户转移过来的农产品价格下跌风险。保险公司为使该风险降至最低，可通过向期货公司支付一笔期权费买入场外看跌期权交易，将所面临的风险转移给期货公司。保险公司采取将风险转移给期货公司而不直接进入期货市场进行风险对冲，原因在于期货对冲是十分专业的操作，保险公司如果自己操作，则需配备专业的交易团队，不但要增加人力、物力成本，而且操作经验不足可能会导致对冲效果不明显。期货公司在收取保险公司的期权权利金后，为进行所持头寸风险对冲，通常采取在场内复制对应的看跌期权或复制场外期权并在期货市场买卖数量相等、方向相反的期货合约进行对冲操作，以规避因卖出看跌期权所面临的价格波动风险。具体模式如图39所示。

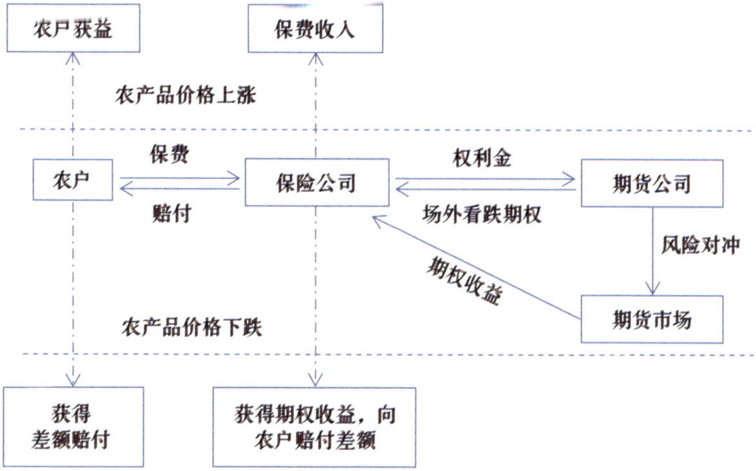

图 39　价格保护型“保险+期货”模式

案例

玉米种植户张某预计收获玉米 2 000 吨，为规避玉米价格波动风险，获得稳定收益，遂向保险公司以 50 元/吨保费购买农业保险，约定玉米最低目标价为 2 000 元/吨，即在收获季的一段时间内玉米均价低于 2 000 元/吨时，其差价由保险公司赔付，例如收获时玉米价格为 1 930 元/吨，比约定的最低价少 70 元/吨，则这 70 元/吨的差价由保险公司赔付给张某，由此玉米种植户张某可获得 14 万元赔付款，在一定程度上弥补其因玉米价格下跌而产生的损失。

保险公司为规避从玉米种植户张某转移过来的玉米价格波动风险，再以 40 元/吨的权利金向期货公司买入场外看跌期权，该看跌期权的执行价为 2 000 元/吨，意味着保险公司与期货公司约定玉米收获季的一段时间内玉米价格若低于 2 000 元/吨，则保险公司可以 2 000 元/吨的价格向期货公司出售玉米，或者由期货公司支付其差价，这样保险公司通过支付权利金的方式将玉米价格波动风险转移给了期货公司。而期货公司则利用自身专业优势在玉米期货市场进行风险对冲，从而实现弥补价差乃至盈利的目的。

（2）收入保障型“保险＋期货”模式

农户从事农业生产的最终收入是其所生产的农产品价格与产量的乘积，因此在农业生产中农户实际收入的高低，不仅受农产品价格影响，还与农产品产量密切相关。在“保险＋期货”传统模式中，保险公司仅向农户提供农产品价格保险，这种保险只能帮助农户规避农产品价格波动给收入带来的影响，无法规避因天气、自然灾害等因素导致的农作物减产甚至绝收引起的收入下降风险，为规避这两种因素带来的收入风险，各地积极探索收入保障型“保险＋期货”模式。

收入保障型“保险＋期货”是一种以农户实际收入为保险标的，针对责任范围内农产品价格和产量因素导致投保人实际收入低于目标收入水平而进行赔付的一种保险。该模式的具体做法为：保险公司在农业收入保险产品的设计中参考政府公布的近几年农作物价格和产量历史数据，基于这些数据在保险条款中科学设定目标产量和目标价格，同时为了克服可能存在的农户投保后利用信息不对称优势进行骗保等道德风险现象，例如签订保险合同后农户故意减少种植量或减少必要的成本投入，保险公司会设定一个保险责任保障水平。保险公司根据这三项内容计算得到最终的保险目标单位产值，即目标产量×目标价格×保险责任水平。农户在向保险公司支付一笔保险费的同时获得一份收入保险，在收获季节，若农户的实际产值低于保险条款约定的目标产值而导致收入减少，则保险公司向农户赔付收入差额。保险公司与农户签订保险合同后，要承担两种风险，一是农产品价格下跌风险，二是农产品产量减少风险。针对价格风险，保险公司通常按照传统模式向期货公司支付一笔期权费买入场外看跌期权，将自身承担的价格风险转移给期货公司。期货公司收取保险公司的权利金后将保险公司转移过来的价格风险再通过对冲的方式转移至期货市场。对于产量风险，保险公司则向其他一个或多个保险公司购买农作物产量保险，采取再保险方式将自身面临的潜在农作物产量风险转移给其他保险公司共同承担，具体模式如图 40 所示。

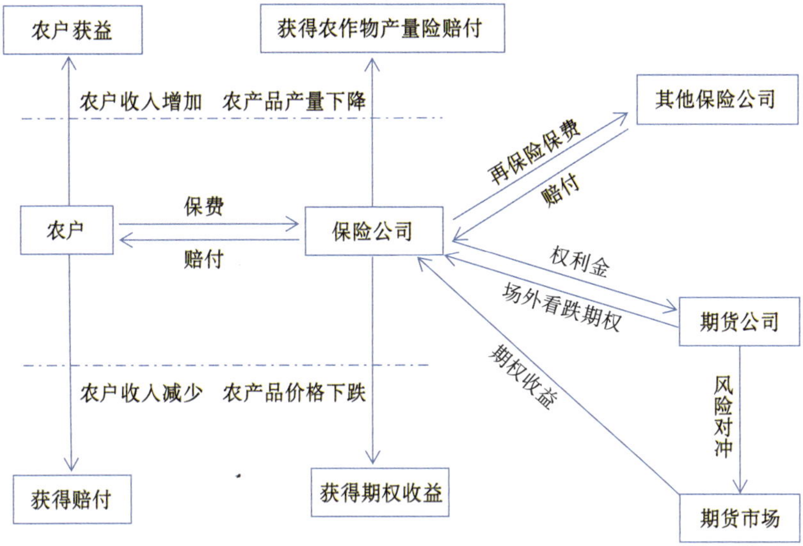

图 40　收入保障型“保险 + 期货”模式

案例

假设为规避农产品产量和价格波动带来的双重风险，A 农场主向 B 保险公司购买了一份农业收入保险。该收入保险对 A 农场 3.75 万亩的大豆种植土地进行承保，根据当地近 5 年的大豆价格和产量历史数据，确定该农场目标亩产量 0.16 吨，大豆目标价格为 4 000 元/吨，保险责任水平为 85%，因此，保险公司与农场主签订的保险目标收入为 0.16 吨/亩 ×4 000 元/吨 ×85% =544 元/亩，经测算和商谈，B 保险公司向 A 农场主收取 68 元/亩的保险费。到收获季节时，无论是农产品价格下跌至 4 000 元/吨以下，还是农产品产量减少至 0.16 吨/亩以下，或农产品价格和产量都下降导致 A 农场主实际收入低于 544 元/亩，则会得到 B 保险公司按保险合同 544 元/亩提供的差额赔付。在收获季节，若农场主的农作物收入大于等于544元/亩，则不会得到任何赔付。保险公司与农场主签订合同后，将面临农场主转移过来的农产品价格下跌和产量减少风险。保险公司一方面为了防止合同到期时因大豆价格下跌而产生赔付的风险，以28元/吨的权利金向C期货公司购入大豆场外看跌期权，看跌期权的执行价为4 000元/吨，意味着保险公司与期货公司约定大豆收获季的一段时间内大豆市场价格若低于4 000元/吨，则保险公司可以4 000元/吨的价格向期货公司出售大豆，或者由期货公司支付其差价。C期货公司为规避因卖出看跌期权而面临的大豆价格下跌风险，在大豆期货市场进行风险对冲，将大豆价格下跌的风险转移至期货市场。另一方面，B保险公司向D保险公司以22元/亩的价格购入农作物产量保险，约定D保险公司在农作物减产时，将对实际产量与目标产量的差值按照市场价格的30%进行赔付，在自然灾害发生的情况下，B保险公司面临的大豆产量减少的风险通过再保险的方式分散给D保险公司。若大豆收获季，最终大豆实际价格为3 782.97元/吨，大豆实际亩产量0.126吨，A农场主实际平均收入为476.65元/亩，则B保险公司需向A农场主赔付的价格为67.35元/亩。同时，因大豆市场价格和实际亩产量减少，D保险公司需向B保险公司赔付（0.16－0.126）×3 872.97×30%＝38.59元/亩，B保险公司将手中期权头寸行权了结，将农场主所生产的大豆按4 000元/吨的价格出售给C期货公司或向C期货公司收取217.03元/吨的差价以消除双方的权利和义务。

（3）双向“保险＋期货”模式

为了规避农产品价格波动风险，农业企业与农户有时也会在农产品播种期签订收购合同，约定农业企业在农产品收获季以合同签订时的现货价格向农户收购农产品，用以集中销售或进行深加工。而收购合同签订时的农产品现货价格与交付时的现货价格往往存在一定的价差，这将给农户和农业企业双方带来心理上的“吃亏感”，如当合同价低于交付时的市场价，农户会感到利益受损，反之农业企业则会感到利益受损。为了避免两个不同时间点的不同价格给双方带来的潜在利益损失，在实践中引入了双向“保险 + 期货”模式，该模式已在多个试点项目中得到应用。

双向“保险 + 期货”模式的具体操作方法是：农户与农业企业按照农产品现货价格签订收购合同后，农户向保险公司购买一份价格保险，通过支付保险费获得保险公司提供的农产品价格上涨保险，即在收获时，如果农产品价格高于合同价，农户只能以合同价将农产品出售给农业企业，但保险公司会根据价格上涨幅度按照不同程度的差价对农户进行一定比例赔付。保险公司为避免农产品价格无限上涨造成对农户的巨额赔付，通常在设计保险产品时会设定最高赔付额。同时，农业企业为防止交付时农产品市场价格低于合同价，向保险公司购买一份保险，通过支付保险费获得保险公司提供的农产品价格下跌保险，即在收获时，如果农产品市场价格低于其与农户签订的合同价，农业企业只能以合同价购入农户的农产品，但保险公司会根据价格下跌幅度按照不同程度的差价对农业企业进行一定比例赔付。亦即保险公司分别对农户和农业企业出售保险获得保险费，但保险公司也面临着农产品价格上涨和下跌的双重风险，保险公司为转移自身面临的双向价格波动风险，通常会向期货公司购买一份场外组合期权，组合中包含一份亚式看跌期权和一份亚式看涨期权。亚式看跌期权用来对冲因农产品价格下跌所需赔付农业企业的风险，亚式看涨期权用以对冲因农产品价格上涨所需赔付农户的风险。双向“保险 + 期货”模式中，期货公司在向保险公司收取权利金后，卖出的是亚式双向价差场外期权组合，意味着无论农产品价格上涨还是下跌，只要最终期权标的资产价格不等于执行价格，则期货公司都将需要承担卖出期权的潜在风险。因此，期货公司可在场外期权市场或期货市场采用复制期权的策略，通过动态调整复制头寸的数量保证自身所持期权头寸处于风险中性状态，达到风险对冲的效果，具体模式如图 41 所示。

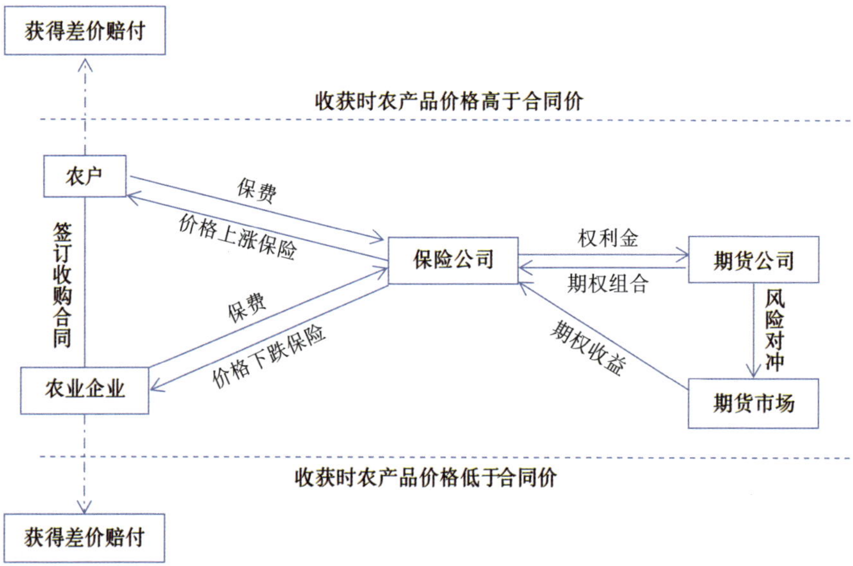

图 41　双向“保险 + 期货”模式

案例

为防止因稻谷价格波动而对稻谷种植收益产生影响，在播种期，稻谷种植户甲与粮食加工商乙签订稻谷收购合同，合同约定在稻谷收获季节，粮食加工商向稻谷种植户按照合同签订时的市场价 2 450 元/吨收购 6 000 吨稻谷。考虑到稻谷价格上涨对稻谷种植户甲带来的收入损失，保险公司丙为种植户甲设计了一份针对稻谷市场价格上涨的保险产品，如表 10 所示。

表 10　针对稻谷价格上涨的保险产品设计

稻谷市场价区间（元/吨）	每吨稻谷赔付金额（元）
[2 450，2 650)	20
[2 650，2 850]	40
[2 850，3 050]	60
[3 050，+∞]	80

同时，为防止稻谷价格下跌对粮食加工商乙的收益产生影响，保险公司丙为粮食加工商乙设计了一份规避稻谷价格下跌风险的保险产品，如表 11 所示。

表 11　针对稻谷价格下跌的保险产品设计

稻谷市场价区间（元/吨）	每吨稻谷赔付金额（元）
[2 250，2 450)	30
[2 050，2 250)	60
[1 850，2 050)	90
[1 650，1 850)	120
[0，1 650)	按照稻谷平均市场价每下降 200 元，每吨补偿金额增加 30 元，以此类推，下不封底

该保险以稻谷收获季节稻谷期货主力合约收盘价的算术平均值作为理赔结算依据，以 200 元/吨作为档位调整标准进行赔付调节。根据保险公司与稻谷种植户、粮食加工商签订的双向保险合同可知，随着稻谷价格的上下波动，保险公司面临的整体赔付情况如图 42 所示。

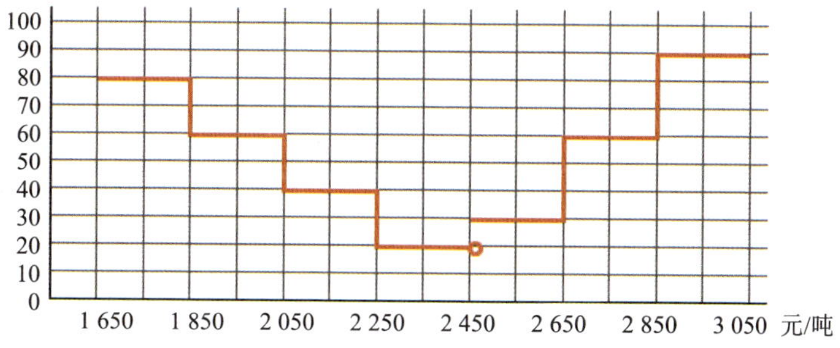

图 42　双向保险模式中保险公司赔付情况

保险公司丙向稻谷种植户甲与粮食加工商乙共收取 46 万元保费，保险公司丙向期货公司丁以 30 万元的价格购买一份执行价格为

2 450元/吨的期权组合，该组合中包含一个亚式看跌期权和一个亚式看涨期权，收取权利金后期货公司丁为规避保险公司丙转移过来的价格波动风险而在场外期权市场或期货市场进行风险对冲。

在稻谷收获季时，若当前交割月的稻谷期货价格为2 385元/吨，按照保险公司所持有的期权内涵价值大小来看，保险公司将会对期权组合中的看跌期权进行行权，保险公司将购买亚式期权组合将获得2 450－2 385＝65元/吨的行权收益，行权后共得到39万元（期权手续费等交易成本忽略不计）。另一方面，由于稻谷期货2 385元/吨处于［2 250，2 450）区间，因此，按照保险公司丙与粮食加工商乙签订的保险合同约定，由于稻谷价格下跌，丙应向乙赔付30元/吨的损失，共需赔付18万元。

（4）订单结合供应链销售的“保险＋期货”模式

为让“保险＋期货”模式更好地融入农业产业链，更大限度服务“三农”，浙江物产化工集团有限公司（以下简称浙江物产）、浙商期货有限公司（以下简称浙商期货）、太平洋财产保险股份公司（以下简称太平洋财险）深入吉林省洮南市，联合当地元润粮油有限责任公司（以下简称元润粮油）针对玉米品种探索出了订单结合供应链销售的“保险＋期货”模式，该模式的主要特点在于将“保险＋期货”嵌入订单种植和供应链销售环节，并通过几家当地龙头企业的加入让该区域玉米品种实现了种植产业链、金融服务链、销售供应链的有机融合。

订单结合供应链销售的“保险＋期货”模式的具体做法如下：元润粮油作为当地最具影响力的农业产业化龙头企业之一，主营粮食及农副产品购销和深加工、仓储、烘干、运输等业务，具有丰富的农产品购销和土地流转经验。在玉米种植环节，元润粮油为农户和家庭农场之间的土地流转提供担保背书，从而打消农户失去土地的顾虑，可以让农户放心地将土地经营权流转给家庭农场，家庭农场对流转过来的土地进行集中种植和田间管理。在玉米收获时，元润粮油负责集中收购家庭农场收获的玉米。玉米种植环节，浙江物产则利用其所掌握的先进农业科学技术帮助当地家庭农场进行玉米种植，技术上给予专业性指导，在浙江物产的帮助下，家庭农场种植的玉米不仅可以实现品种改良和机械化规模生产，还逐渐引入覆膜滴灌、卫星遥感监测等先进技术，由于得到了较为专业的指导，试点地块的玉米亩产量最终同比提高 8%，显著提升了粮食产量。

在金融服务链中，浙江物产与浙商期货不仅为家庭农场带来一套相对成熟的金融避险方案，还为家庭农场提供部分资金用以购买太平洋财险提供的农业收入保险。太平洋财险收到家庭农场的保费后，按照收入保险模式，一方面向浙商期货购买看跌期权将家庭农产转移过来的玉米价格下跌风险转移给浙商期货，由浙商期货在期货市场或场外期权市场进行风险对冲；另一方面，太平洋财险通过再保险的方式向其他保险公司购买农产品产量保险，将提供给家庭农场的收入保险中的玉米产量风险转移给其他保险公司，这个环节中农业收入保险的具体操作方法与收入保障型“保险+期货”相似。

在销售供应链中，元润粮油借助浙江物产的供应链服务平台将从家庭农场收购的玉米进行销售。浙江物产不仅可以收取一定比例的平台使用费，还能够扩大其供应链服务平台的影响力，拓展供应链服务平台的规模和服务范围，从而达到多方共赢的局面，具体模式如图 43 所示。

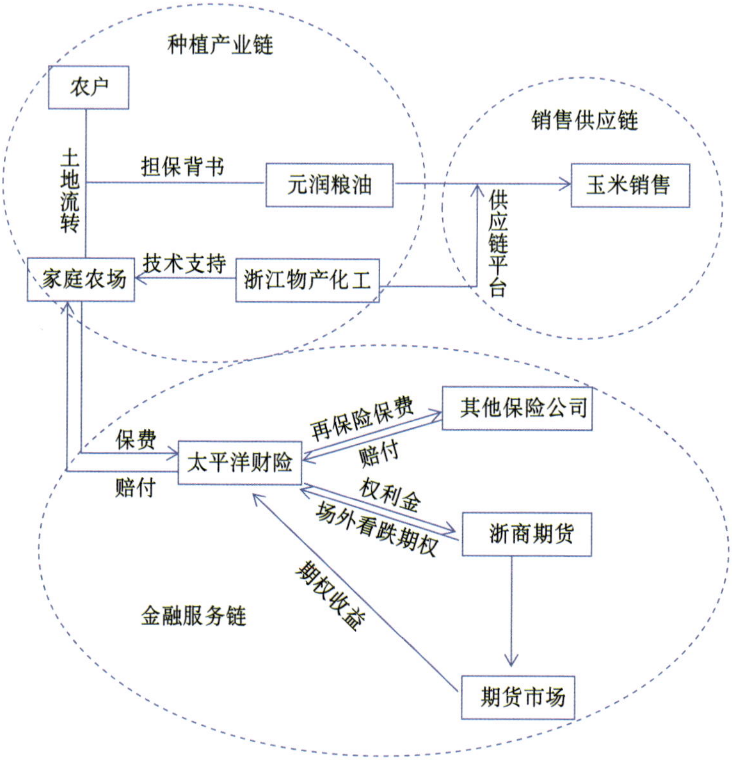

图 43　订单结合供应链销售的“保险＋期货”模式

场外衍生品之另类杂谈

1. 资产支持证券的且自逍遥

资产证券化（Asset Securitization），顾名思义，就是以相关资产为支持发行证券的过程。具体来看，资产证券化本质上是一个增强流动性的加工过程——将流动性较差或无法交易的资产加工成可以在二级市场上流通的证券。它将贷款或应收账款等缺乏流动性的资产通过组合打包构建成标准化的资产池，发行标准化的证券，以便于在二级市场上流通。资产证券化的产生主要是为了解决流动性危机。

资产证券化作为一种融资手段的创新，与传统的融资方式相比，有显著的差别。一般债券有一个具体的债务人，通常是证券的发行者，例如，国债的债务人是中央政府，企业证券的债务人是企业。资产支持证券的债务人不是一个确指的主体，更不是其发行者，而是资产池对应的债务人。一般固定收益证券不存在提前偿还的问题，除非先行约定好证券发行人可提前赎回，而资产支持证券的提前偿还风险则较大，无法事先确定提前偿还的时点与额度。具体来看，主要区别在于：

(1) 资产证券化与股票、债券融资

传统的证券融资方式，企业对债券的本息及股票权益的偿付以公司的全部法定财产为界。以资产证券化方式发行的债券，是以证券化的资产池为限，与公司其他资产无关，这是资产证券化产品最显著的特点。

同时，股票或债券的融资是由资金需求者直接发行，并不需要其他参与者来替代发行，而资产支持证券的发行需要引入特殊目的载体（Special Purpose Vehicle－SPV，后文会有相关介绍）作为发行主体，因此它的引入使资产原始持有人的破产风险与欲证券化的资产风险得到了分离。资产证券化过程如图 44 所示。

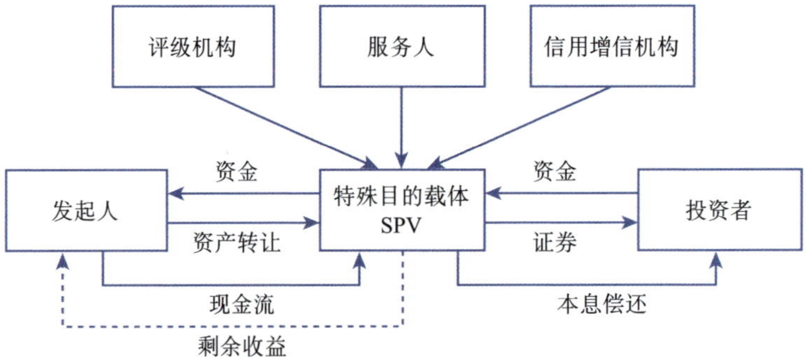

图 44　资产证券化过程

(2) 资产证券化与普通的抵押贷款

与普通的抵押贷款不同，资产证券化实现了资产池中证券和资产原始债务人的信用等级的分离。抵押贷款的信用等级取决于贷款人的信用等级，而资产支持证券的信用等级仅取决于资产池和信用担保，而与资产原始权益人的信用等级无关。

(3) 资产证券化与项目融资

在项目融资中，项目的未来收益是基本不确定的，因为用来融资的项目还没建起来。而在资产证券化的结构中，未来的收入流大小是相对确定的，确定程度较项目融资更高。

资产证券化相对于其他融资手段存在以下两点优势和作用：

①资产证券化使发起人的资本利用最大化。在此用一个例子来加以说明：假设资产证券化的发起人为某家银行，它是资产池的原始贷款人，同时也是SPV资本的注入人。发起人从它的资产中挑选出质量高的资产卖给SPV，SPV用这些资产作为支持，发行资产证券进行融资给发起人，发起人可用此款项偿还负债，同时它又可以用既有的资本支持开展新的融资活动。

②资产证券化增加了发起人的收入，提高了其资本收益率。发起人在将资产转移出资产负债表并在保留资产适当风险的同时，还可以作为资产证券化过程中的服务商和信用增强机构，从而获得服务费收入和由基础资产产生的剩余利息收入。同时，由于通过资产证券化提高了财务杠杆率，所以发起人能够在更大的资产规模基础上获取收入，取得更高的资本收益率。

案例

图45是由50笔个人住房抵押贷款（商业银行的资产）打包组成的一个资产池，每一贷款面额均为200万元，则资产池总额为1亿元，以资产池为标的发行100份资产支持证券，则每份证券的面额为100万元，每期（1月为1期）收取当期资产池总现金流量的1/100，预期该资产池的现金流将持续30年。

上述将具有近似现金流特征（包括期限、利息等）的个人住房抵押贷款打包组成一个资产池，经由相关的处理之后，以资产池为支撑发行证券，并将证券出售给投资者以取得流动性的过程就是资产证券化。

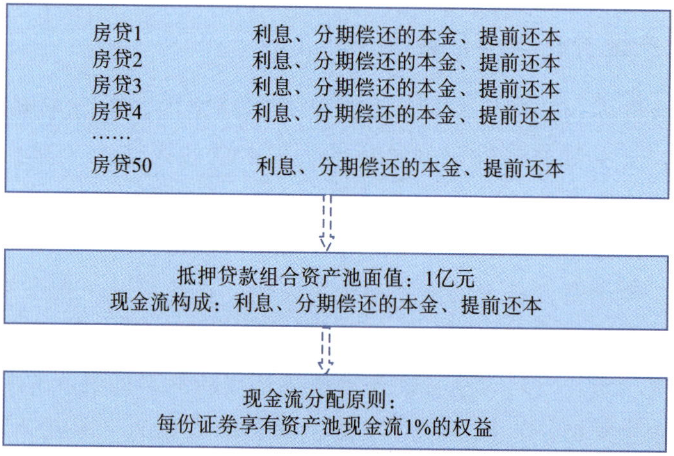

图 45　资产支持证券构造原理示意图

2. 斗转星移的信用衍生品

大华公司是国内排名前十的锂电池生产厂家，在“新能源”概念的带动下，其前景更加值得期待。总部位于东部某沿海城市的大华公司对当地 GDP 的贡献不可小视，就在 2015 年，市长刚刚去参观了他们的工厂，在表达了诚挚赞美的同时也提出了殷切的期望。不过，几周前大华公司的总经理张志勇为新项目的融资问题急坏了，初期资金额还差 1 000 万元，现金流吃紧让他不得不四处奔波。A 银行对大华公司的情况有所考量，一方面大华公司是他们长期的合作伙伴，这个客户不能轻易放弃；另一方面，在综合宏观市场环境和大华公司新项目利润空间分析后，他们不愿意承担直接向大华公司发放贷款的风险。张总心急如焚地想要拿到这笔贷款，银行却始终不肯松口。眼看新项目开工日期迫在眉睫，这可如何是好呢？

在介绍了信用衍生品涉及的相关概念后，我们接下来对信用衍生品进行介绍。

信用衍生品出现于20世纪90年代早期，尽管历史较短，但其发展非常迅速，目前是信用市场的重要组成部分。与其他类衍生产品一样，是从其他资产，如债券、贷款或者其他金融产品中衍生出来的金融产品，但又与这些衍生产品不同，信用衍生品主要是为了转移这些金融产品中的信用风险。1992年，国际互换和衍生品协会（International Swaps and Derivatives Association，ISDA）正式把信用衍生工具确定为一类特殊的衍生品。

依据ISDA的定义，信用衍生品是指用来分离和转移信用风险的各种工具和技术的总称，交易双方利用信用衍生品来增加或者减少对某一参考实体的信用风险的暴露。因此，信用衍生品与其他金融工具一样，其本质上是一种双边合约，是针对某个或者某些经济活动主体所发行的金融资产承载的信用风险而设立的（如图46）。其中，经济活动主体可以是一个或多个公司或政府，是信用风险的载体，在信用衍生品市场中也被称为参考实体（Reference Entity），而该主体所发行的金融资产则是信用风险载体的媒介，被称为参考债务（Reference Obligation）。通常，在信用衍生品市场上参考实体基本不涉及衍生品的交易，是与合约买卖双方不同的第三方实体，而合约的买方将经济体的信用风险转移给合约的卖方。

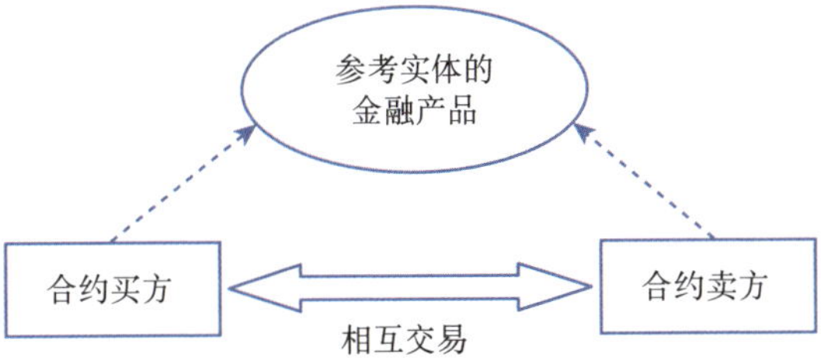

图46　信用衍生合约结构图

此外，从定价上看，信用衍生品的合约价值随着实体的信用风险的变化而变化；从交易场所上看，信用衍生品大部分都是在场外交易的，是两个对手方之间形成的私人合约，大都采用ISDA的定义和范本，这也区别于股票、期货和一些期权产品。

A 银行向 M 对冲基金购买一个名义额为 1 000 万元，针对大华公司的为期 3 年的信用衍生合约。该合约约定：如果该公司在合约有效期内发生违约，M 对冲基金必须向 A 银行支付 1 000 万元，以弥补银行可能无法收回的本金；同时，为了补偿对冲基金承担的风险，银行必须要向对冲基金定期支付一定的费用，这个费用的大小与大华公司的信用风险水平密切相关，例如每季度支付 10 000 元。在这里，M 对冲基金是该信用衍生合约的卖方，A 银行是合约买方，大华公司就是参考实体，银行向大华发放的贷款就是参考债务。通过信用衍生合约的买卖，银行将大华的信用风险转嫁给了对冲基金，而对冲基金则承担了公司的信用风险。

实际上，银行因为不想失去大华公司这个客户但又不想使自己的头寸暴露于某一风险当中，也可能出于监管对资本金的要求或者银行资产自身流动性的需求，在保留与大华业务往来的同时对冲面临的信用风险；而对冲基金一方面可以在不需要任何本金的情况下获得一系列银行支付的现金流，另一方面可以使他们在遭遇利率风险的情况下获得纯信用风险收益。此外，这笔合约还可能是因为双方对该公司信用风险持有不同的看法，比如这里的银行可能认为公司违约风险非常高，而对冲基金认为公司违约风险较低，用信用衍生品专业术语讲，银行做空公司的信用风险，而对冲基金做多公司的信用风险。

信用衍生品有哪些？

信用衍生品的早期形式是资产互换。资产互换将利率互换与债券相结合，既可以做为货币市场工具，也可以看做是信用衍生工具。资产互换改变了债券的现金流，持有债券的一方（买方）为了对冲信用风险支付给其对手方（卖方）债券的固定利率，而卖方支付给买方浮动利率（如 LIBOR）加上或者减去一定的利差。通过这种方式，买方将原始的信用风险转化为利率风险，并获得一定的信用利差。但资产互换的一个主要缺点就是如果标的债券违约，互换协议并不会终止，目前资产互换在信用衍生品中的比例已经比较小了。

在资产互换的基础上，诞生了信用违约互换（Credit Default Swaps，CDS），并成为信用衍生品的最基础产品。CDS 的参考实体最早是单一经济实体，也称为单一名称 CDS（Single Name CDS）。随着 CDS 的参考实体从单一实体延伸到组合实体，导致了担保债务凭证（Collateralized Debt Obligation，CDO）的出现。之后，信用衍生品得到了飞速发展，其创新层出不穷，各种出于不同目的设计的信用衍生品也具有不同的结构和现金流，有时难以将信用衍生品划分清楚。但就目前看，其产品划分方式主要有两种。

首先，依据参考实体的个数，信用衍生品分为单一产品、组合产品和其他产品三类。其中，单一产品是参考实体为单一经济实体的信用衍生品，主要包括 CDS、总收益互换（Total Return Swaps，TRS）、信用联结票据（Credit Linked Notes，CLN）、信用价差期权（Credit Spread Option，CSO）等；组合产品是指参考实体为经济实体组合的信用衍生品，主要包括指数 CDS、合成 CDO（Synthetic Collateralized Debt Obligation）、互换期权（Swaption）、分层级指数交易（Tranched Index Trades）等；其他产品主要是与资产证券化结合较为紧密的信用衍生产品，例如固定比例债务债券（Constant Proportion Debt Obligation，CPDO）、固定比例投资组合保险债券（Constant Proportion Portfolio Insurance，CPPI）、资产证券化信用违约互换（ABCDS）等。

其次，依据有无现金债券发行，信用衍生产品分为无现金（Unfunded）和有现金（Funded）两种。如果不涉及现金债券的发行，这类信用衍生品就是无现金信用衍生品，例如 CDS、TRS、合成 CDO 等；如果涉及现金债券的发行，则属于有现金的信用衍生品，例如 CLN、CPDO、CPPI 和合成 CDO 等。值得注意的是，合成 CDO 可以是有现金流的信用衍生品，也可以是无现金流的信用衍生品。

此外，市场上还有一类较为重要的结构性信用产品（Structured Credit Products），即现金流 CDO，例如 CBO（Collateralized Bond Obligation）、CLO（Collateralized Loan Obligation）和其他类型的现金流 CDO 产品。这类产品与合成 CDO 名字很类似，且都属于分档信用产品，但它们在设计上更多利用资产证券化的风险分割技术，在使用目的上承担着为发行人融资的功能，与资产证券化产品有更多的共同点。由于界定上的模糊和分类上的争议，市场上通常用结构性金融产品（Structured Products）或者结构性信用产品来囊括包括一般信用衍生品在内的所有结构较为复杂的金融产品。但是由于这两类CDO在概念上的相似性多过差异性，同时也考虑到本书作为普及性的书籍，在后面的一些部分会对这两类产品进行介绍。

3. 琳琅满目的场外商品衍生品

场外商品衍生品是指标的资产为商品价格、一揽子商品价格或者商品价格指数的场外互换、远期以及期权。常见的标的商品包括：贵金属和基础金属、原油和其他石油产品，天然气、电力、海运费和天气。随着近年欧美等国家对场外衍生品监管的加强，部分的品种也逐步转为交易所交易品种，或者场内、场外两种交易方式并存。

（1）场外商品衍生品的常见种类

本章我们主要介绍与中国经济发展息息相关的一些场外衍生品，包括铁矿石掉期、远期运价协议以及石油期权等产品。

①场外石油衍生品市场及交易。在世界石油工业150多年的历史中，真正的自由交易于20世纪70年代后期开始萌芽，而石油期货市场及场外交易的衍生产品自90年代才得以迅速发展。石油衍生产品的创新使世界石油市场交易方式发生了重大变革，石油衍生产品市场已经成为国际石油市场的重要组成部分。目前，石油衍生产品市场围绕着两个互补的轴线发展：大公司石油价格风险的套期保值和石油行业的金融性操作，这些推动了OTC市场和交易所石油衍生品的发展。

• 石油衍生品交易市场。全球范围内主要的石油衍生品交易市场有纽约商品交易所、伦敦国际石油交易所以及最近两年兴起的东京工业品交易所。

a. 纽约商品交易所（NYMEX）

美国是石油期货的诞生地。1978 年，纽约商品交易所推出的世界第一个石油期货合约——取暖油期货合约，成为全球重要的期货品种。1983 年，其又推出世界第一个原油期货合约——轻质低硫原油期货合约，又称为西得克萨斯中质原油（WTI）期货合约，是全球交易量最大的商品期货，与英国布伦特（Brent）原油并称为全球两大基准原油。该期货合约不仅是中东地区供应美国以及整个美洲地区原油交易价格的参照基准，而且是全球原油交易价格最重要的定价基准。

b. 伦敦国际石油交易所（IPE）

伦敦的国际石油交易所是欧洲最重要的能源期货和期权的交易场所。它成立于 1980 年，是非营利性机构。

1981 年 4 月，伦敦国际石油交易所推出重柴油（Gas Oil）期货交易，合约规格为每手 100 吨，最小变动价位为 25 美分/吨。重柴油在质量标准上与美国取暖油十分相似。该合约是欧洲第一个能源期货合约，上市后比较成功，交易量一直保持稳步上升的走势。

1988 年 6 月 23 日，IPE 推出国际三种基准原油之一的布伦特原油期货合约。IPE 布伦特原油期货合约特别设计用以满足石油工业对于国际原油期货合约的需求，是一个高度灵活的规避风险及进行交易的工具。IPE 的布伦特原油期货合约上市后取得了巨大成功，迅速超过重柴油（Gas Oil）期货成为该交易所最活跃的合约，从而成为国际原油期货交易中心之一，而北海布伦特原油期货价格也成为了国际油价的基准之一。现在，布伦特原油期货合约是布伦特原油定价体系的一部分，包括现货及远期合约市场。该价格体系涵盖了世界原油交易量的 65%。

2000 年 4 月，IPE 完成了改制，成为了一家营利性公司。2001 年 6 月，IPE 被洲际交易所（Intercontinental Exchange，Inc.）收购，成为这家按照美国东部特拉华州（Delaware）法律成立的公司的全资子公司。

c. 东京工业品交易所（TOCOM）

东京工业品交易所 TOCOM 成立于 1984 年 11 月 1 日，它合并了东京纺织品交易所（成立于1951年）、东京橡胶交易所（1952年）和东京黄金交易所（1982）。从开始至今，TOCOM经历了快速的市场扩张。TOCOM是世界上最大的铂、汽油、煤油和橡胶的期货市场，同时还是黄金的第二大交易市场。

日本的石油期货市场虽然起步较晚，但是发展很快。日本是传统的石油进口国和消费国，国内所需石油几乎全部依赖进口。1999年下半年，东京工业品交易所推出了汽油和煤油期货交易。与欧美相比，日本的石油期货合约具有一些特点：合约以日元报价，采用日本国内通行的计量单位——千升，合约规格为每手100千升。日本的一些大型石油公司已经开始采用与东京工业品交易所汽油、煤油期货价格联动再加升贴水的办法交易。日本石油期货市场的影响和作用正变得越来越大。

- 新加坡燃料油市场介绍。新加坡是目前世界上最重要的燃料油市场和集散地。目前世界上燃料油消费国主要集中在东南亚。新加坡和中国分别是亚洲第一和第二大的燃料油进口国。新加坡燃料油市场在世界上具有重要的地位，主要由以下三个部分组成：

a. 传统的现货市场：传统的现货市场是指一般意义上的进行燃料油现货买卖的市场。

b. 普氏公开市场：普氏（PLATTS）公开市场是指在普氏公开报价系统PAGE190上进行公开现货交易的市场，该市场的主要目的不是为了进行燃料油实货的交割，而是为了形成当天的市场价格，起到发现价格的作用。值得注意的是，普氏每天公布的价格并不是当天装船的燃料油的现货价格，而是15天后交货的价格。

c. 纸货市场：新加坡纸货市场大致形成于1995年，从属性上讲属于衍生品市场，但它是OTC市场，而不是交易所场内市场。纸货市场的交易品种主要有石脑油、汽油、柴油、航煤和燃料油。目前新加坡燃料油纸货市场的市场规模大约是现货市场的三倍以上，其中80%左右是投机交易，20%左右是保值交易。

纸货市场的主要作用是提供一个避险的场所，它的交易对象是标准合约，合约的期限最长可达三年，每手合约的数量为 5 000 吨，合约到期后不进行实物交割，而是进行现金结算（合同到期次月 14 日），结算价采用普氏公开市场最近一个月的加权平均价。由于是一个 OTC 市场，纸货市场的交易通常是一种信用交易。这要求参与纸货市场交易的公司都是国际知名、信誉良好的大公司。我国国内企业只有少数几家大公司能参与交易，绝大多数经营燃料油的中小企业只能通过种种渠道，经过二级代理或三级代理在纸货市场上进行避险操作。

- 基本的石油衍生品

a. 石油远期

远期在石油市场的发展中发挥了重要的作用。远期和期货被视为竞争性工具，很多人认为期货将最终取代远期，就像在其他商品市场一样。但是，Brent、WTI 远期与期货同样的成功，表明了远期在石油市场的重要性。远期对期货起补充作用，因为它有期货没有的相对优势。首先，远期能 24 小时交易，是标准期货交易所工作时间之外的交易工具；其次，其使参与者一次能交易更大量的石油；第三，参与者能选择交易伙伴；最后，它的实货交割满足了一些公司由于实际或会计原因的偏好。最近的一些创新，Brent 差额合约如（CFDs）和“纸货”塔皮斯（Tapis）以互换而非传统的远期为基础。许多以前活跃的纸货远期市场被互换替代，如俄国汽油，英国利特布鲁克（Little Brook）燃料油。即使这样，远期仍在北海、美国、远东发挥着重要作用。

b. 石油期货

大多数期货合约不进行实物交割，因此，期货一般作为价格风险管理工具而不是实物供应来源。因此，石油期货合约首先是被生产商，炼油商和消费者用于对冲动荡的石油市场所产生的价格波动风险；其次用于确保库存的原油、成品油和天然气的价值。

c. 石油期权

出售期权对于石油生产者最为重要。其中石油公司普遍感兴趣的有几种期权类型：欧式、美式、亚式。欧洲模式期权只能在其规定日期使用。美国模式期权规定了一个终止日期，可以在这个日期之前的任何时间开始使用，直到终止日期。亚洲模式期权采用合约期间内结算价的平均油价。

d. 石油互换

互换是 OTC 衍生市场中比较新的形式，是唯一一种灵活地填补由于其他交易工具而导致的石油市场空白的产品，完美地适应了石油市场的复杂性。石油互换市场由石油生产商、石油购买者（投资者）和金融机构构成，金融机构通过对生产商、购买商进行撮合，提供头寸等方式，获取佣金或价差。石油互换在过去几年飞速发展。

石油互换为石油产品的价格风险提供了短期和长期的管理工具。短期互换已经从公司之间大额的私下交易发展到更标准化、更透明的交易工具，被广泛作为许多远期纸货合约的替代品。然而，长期互换的协商比用其他石油交易工具更花时间，而这些工具有时能以更低成本提供相同程度的风险保护。石油互换是管理石油基差风险的有效手段。

②黄金衍生品市场及交易。

- 黄金市场

a. 伦敦黄金市场：世界最大的黄金市场，每天上午 10:30 和下午 15:00 进行两次黄金定价，伦敦定价盘在国际市场和白银市场上很有影响力，是市场上的基准价格，由 5 家机构承担；狭义的伦敦黄金市场是指伦敦金银市场协会（London Bullion Market Association，简称 LBMA），该市场是场外市场；LBMA 的会员有两类：做市商和普通会员，做市商多为知名投行，如巴克莱、德意志银行、汇丰银行等。其交易主要通过做市商完成；伦敦在黄金市场的清算地位相当于纽约在美元清算中的地位，其清算系统既提供双边清算，也提供第三方清算，受伦敦贵金属清算有限公司（London Precious Metals Clearing Limited，LPMCL）的监管。

b. 苏黎世黄金市场：苏黎世黄金市场是第二次世界大战后发展起来的世界性黄金市场，瑞士特殊的银行体系为黄金交易者提供了一个既自由又保密的环境，此外瑞士与南非也有优惠协议，使得瑞士不仅是世界上新增黄金的最大中转站，也是最大的私人黄金存储与借贷中心，仅次于伦敦。苏黎世黄金市场由瑞士银行、瑞士信贷银行和瑞士联合银行负责清算。

c. 美国黄金市场：主要是美国 COMEX，以黄金期货交易为主，品种有黄金期货、迷你期货、期权和基金。

d. 香港黄金市场：包括香港金银贸易场、香港伦敦黄金市场和香港黄金期货市场。

e. 日本黄金市场：东京工业品交易所，品种有黄金期货和期权。

f. 上海黄金市场：包括上海黄金交易所、上海期货交易所和天津贵金属交易所，其中上海黄金交易所主要以黄金现货交易为主。

- 以黄金为标的的场外衍生品。以黄金为标的的场外衍生品包括：黄金远期和掉期合约、黄金期权，成交量如图 47 所示。

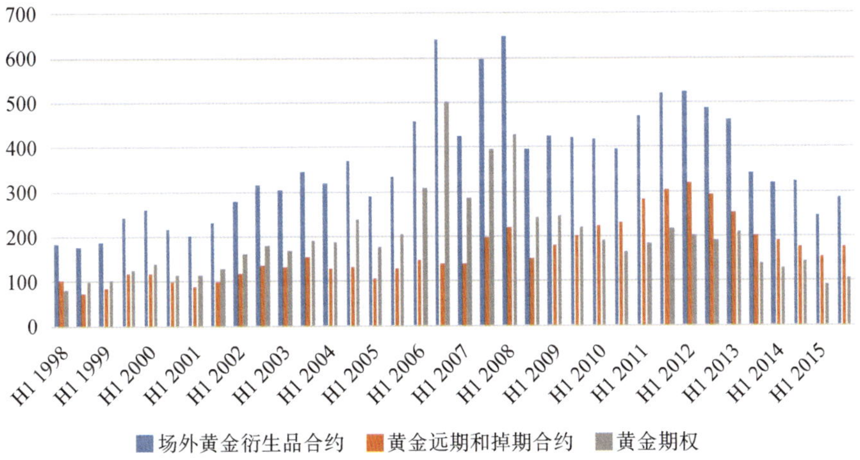

图 47　场外黄金衍生品市场交易量（单位：十亿美元）

数据来源：BIS。

下文我们主要介绍黄金远期，进而详细介绍与黄金远期密切相关的黄金租赁。

黄金的远期交易是买卖双方根据双方商定的价格，在稍后的一段日期里买卖一定数量的黄金的责任和义务。

黄金租赁业务是为了满足产金公司的资金需求、用来进行融资，也可以用来对冲金价波动。该业务是20世纪80年代在国际黄金市场出现的新兴业务。其出现的基本原因有以下三点：黄金企业可以规避风险；可以降低黄金企业的财务费用；拓宽了黄金生产企业的融资渠道。

③如何进行黄金租赁交易。小明是黄金衍生品市场的常客，从“常春藤”毕业的他向来对自己的投资信心满满（虽然也偶有失蹄），并且对金融市场的新产品表现出极大的兴趣。29岁的小明在其从事房地产行业的老爸帮助下已积累了一笔不小的财富。黄金租赁市场的发展引诱着他身上的每一个细胞，就像是超市里免费品尝区对一个缺少零花钱的小孩的诱惑。终于，小明来到了黄金租赁市场，他都有些什么举动呢？

进行黄金租赁交易，有三个利率指标非常重要。它们是GOFO、GOLD LEASE RATE和LIBOR。

- 黄金远期利率（GOFO）

黄金远期利率（Gold Forward Offered Rates，GOFO），又称为黄金掉期利率，也有很多人把它译为“黄金出借利率”。

这个利率是由伦敦黄金协会（The London Bullion Market Association，LBMA）每日伦敦时间上午11点在其官方网站（www. lbma. org. uk）公布的。据其官方解释，GOFO由其做市商成员：加拿大丰业银行、高盛公司商品部、加拿大皇家银行、摩根大通、法国兴业银行、汇丰银行和瑞银集团提供，代表了做市商会员用掉期借出黄金换美元的利率。GOFO平均值（GOFO mean）提供了黄金掉期利率的国际标准值。它的作用是提供黄金利率掉期交易和黄金远期利率协议的基准。

GOFO期限一般有1个月、2个月、3个月、6个月和一年。期限最长为一年。在黄金租赁市场时常有各国央行的身影。央行时常有外汇头寸的调剂要求，所以产生了黄金与美元互换这个品种。各国预算都为一年，所以黄金出借期限一般上限为一年。

- LIBOR 利率

本书中之前介绍过 LIBOR 利率，在本节中 LIBOR 利率特指美元的 LIBOR 利率。

- 黄金租赁利率（GOLD LEASE RATE）

它由 kitco 网站每天公布。实际上，这是个衍生利率。公式为：Gold Lease Rate = LIBOR − GOFO

小明从伦敦黄金协会做市商成员汇丰银行那里介入 1 000 盎司黄金，并立即在市场卖出，筹资 1 200 000 美元，然后存入银行。

假设：

金价：1 200 美元/盎司

LIBOR 利率：5%

GOFO 利率：4%

期限：12 个月

12 个月后，如果金价维持在 1 200 美元/盎司

投资者收入：

存款：1 200 000 美元

利息：1 200 000 × 5% = 60 000 美元

合计：1 200 000 + 60 000 = 1 260 000 美元

投资者支出：

购入 1 000 盎司金条支付给汇丰银行：1 200 000 美元

支付 GOFO 利率：1 200 000 × 4% = 48 000 美元

合计：1 200 000 + 48 000 = 1 248 000 美元

投资者净收益：1 260 000 − 1 248 000 = 12 000 美元，合 1%

这个 1% 的净收益率实际上就是 Gold Lease Rate。

整个上述过程完成了一个低息货币和高息货币互换的黄金套息交易策略：如果卖出黄金的本金不存入银行，而作为融资用，那么上述过程就是一个利用黄金租赁业务进行融资的过程，融资利率低于 LIBOR 利率。此外需要注意的是：对于进行黄金租赁的企业或者进行套息交易的交易者来说，黄金价格下跌有利于整个交易过程，当然，也需要承担黄金价格上涨的风险。

④场外铁矿石掉期。宝钢集团公司（简称“宝钢”）是中国最大、最现代化的钢铁联合企业。宝钢股份以其诚信、人才、创新、管理、技术诸方面综合优势，奠定了在国际钢铁市场上世界级钢铁联合企业的地位。《世界钢铁业指南》评定宝钢股份在世界钢铁行业的综合竞争力为前三名，认为其是未来最具发展潜力的钢铁企业。2010 年 1 月，宝钢预计在 2010 年的 3 月需要进口 60 000 公吨铁矿石（62%），钢厂希望能锁定成本，因为刚敲定了一笔在 2010 年供应平板钢材的大单；为了对冲这一仓位，钢厂决定出价 104.00 美元/公吨购买 2010 年 3 月的铁矿石掉期 CFR（62%），铁矿石现货价格为 103.00 美元/公吨。

与此同时，铁矿石贸易商上海创兴资源开发股份有限公司希望降低可能因为铁矿石价格下跌而导致的库存价值下降，创兴公司希望能将铁矿石价格锁定在 106.00 美元/公吨。

宝钢和创兴出于自身可承担风险能力的考虑，应该怎样运用掉期交易来进行风险管理呢？

- 什么是铁矿石掉期？

铁矿石掉期是一种重要的铁矿石衍生品。以铁矿石指数为交易标的，由于铁矿石指数无法交割，因此到期均是以现金结算，用以对冲铁矿石现货的市场风险。

以现金结算的过程中必然涉及两个价格，一个是合同规定的价格，另外一个则是按合同规定的参考价格（合同规定的交易标的：某个铁矿石指数），两者之差就是掉期交易者的利得或损失，相当于对铁矿石在这两个价位上做了个一买一卖的操作。

其中，铁矿石掉期的买入者支付固定价格（合同规定的价格），铁矿石掉期的卖出者支付协议规定的参考价格，到期差额结算。

- 常用的铁矿石价格指数有哪几种？

由于铁矿石现货市场几乎只有中国才有，中国有 50% ~60% 的铁矿石都是现货交易，因此目前国际主流铁矿石指数都是在中国铁矿石现货市场的基础上综合海运价格设计出来的。目前，国际上最有影响力的铁矿石指数是由普氏能源资讯（Platts）开发的普氏指数（Platts Iron Orel ndex）。目前，国内中国钢铁工业协会、mysteel（已被普氏采用）、北京矿产权交易所也都有指数发布。

a. 普氏指数（Platts Iron Ore Index）

2008 年 4 月，来自荷兰的普氏能源资讯推出了铁矿石普氏指数，并开始在全球范围内推广，而在此之前铁矿石指数并未引起市场关注。

普式铁矿石指数目前包括对 62% 铁含量和 63.5/63% 铁含量品位、高品位 65% 和低品位 58% 铁含量的统一价格评估，以及每日对铁矿石（60% ~63.5% 铁含量）每 1% 铁含量差价的报告。普式采集的价格为中国主要港口的铁矿石 CFR 现货价格，并将这些价格经过相关处理标准化为至中国青岛港口固定品位的参考价格。

b. TSI（the Steel Index）指数（已被普氏指数合并）

环球钢讯（SBB）在 2008 年 5 月推出了铁矿石价格指数，主要发布两种铁矿石现货参考价格，分别为含铁 62% 和 58% 的铁精粉中国港口 CFR 进口价。SBB 通过相关产品公司采集铁矿石现货的实际成交价格，并将这些交易价格按一定要求换算成参考价格制定的产品规范标准，并剔除不符合规范的信息，最后对这些标准化数据加权平均得到最终的参考价格。

c. MBIO（MBIronOreIndex）指数（影响力已经很小）

MBIO 指数的制作与 PlattsIOI、TSI 相似，它采集了钢厂、铁矿石供应商和贸易企业三方面的价格和成交数据，排除异常数据，对不同产地、不同品位、不同港口的成交数据进行科学计算而成。该指数也是以中国青岛港口的 62% 品位的铁精粉价格为基准，58% ~66% 品位的铁矿石价格都将会被换算为 62% 品位的价格，再按照交易量加权平均，最后得出该铁矿石指数。

表 9　　三种指数比较表

指标	金属导报（Metal Bulletin）MBIO 指数	普氏能源咨询（Platts）普氏指数	环球钢讯（SBB）TSI 指数
价格	矿粉，美元/吨	矿粉，美元/吨	矿粉，美元/吨
彭博代码	MBIOMBIO	PFATIOCH	TSIPIO62
含铁量	62%	62%	62%
最低交易规模	3 万吨	3.5 万吨	2 万吨
交割港口	青岛	青岛	天津
数据收集	每日	每日	每日
发布时间	伦敦时间每天中午 12 点	伦敦时间每天中午 12 点	伦敦时间每天中午 12 点

- 铁矿石及铁矿石掉期的市场发展状况如何？

铁矿石主要被三大供给方垄断，包括巴西淡水河谷公司、必和必拓公司和力拓矿业集团。三大集团占据全球海运铁矿石量的 70% 以上。目前最主要的铁矿石需求国家有中国、日本、韩国和德国，其中中国是世界最大的铁矿石消费国。

- 铁矿石掉期的主要参与者有哪些？

铁矿石掉期交易的主要参与者包括四类角色：交易所、清算会员、经纪商和客户（铁矿山、钢铁厂等）。交易所负责上市和管理掉期清算产品，作为中央对手方清算所有成交合约并保证履约；客户作为掉期交易的直接参与者，在清算会员处开立账户，存入保证金并进行交易；清算会员为客户提供相应的后台服务并监控客户头寸风险；经纪商负责为客户询价报价及撮合成交，也有部分的清算会员会兼任经纪商的角色。

其中，新加坡交易所用来计算客户浮动盈亏及持仓风险的每日结算价，是交易所采集市场报价并采取特定算法计算得出；而最终用来平仓到期合约的现金交割价是某一权威的价格指数，新加坡交易所采用的是合约到期月份一个月的 TSI 指数的简单平均价。

表 10　　新加坡交易所铁矿石掉期合约介绍

产品	铁矿石掉期
合约	CFR 中国铁矿石（62% 铁矿石）掉期
合约规模	1 手 =500 公吨（mt）
报价代号	FE
最小波动价	0.01 美元/公吨 每个跳动点的价格 =0.01 美元 ×500 公吨 =5.00 美元
合约月份	从现月开始，最长达 36 个连续月份
交易登记时间 （新加坡时间）	上午 8 点至次日凌晨 4 点 最后交易日：上午 8 点至晚上 8 点 注：每天从上午 4 点 1 秒至上午 7 点 59 分 59 秒不交易
最后交易日	合约月份内钢铁指数（TSI）铁矿石参考价格的最后发布日期
最后结算价格	按合约到期月份内钢铁指数（TSI）铁矿石参考价格的简单平均值进行计算，保留至小数点后两位数，并以现金结算
结算费用	12 美元/手

- 铁矿石掉期交易流程。

铁矿石掉期交易既可以通过专门的 OTC 经纪人进行，也可以在对手方之间进行双边交易，包含 OTC 经纪人的标准交易流程如下：

a. OTC 经纪人建立交易意向，获得实际的出价和报价；

b. 交易首先与买卖双方进行口头确认；

c. 随后将发布一个完整的合约和扼要说明，详述相关的条款和条件；

d. 合约被签署或承认，原件由 OTC 经纪人保存；

e. 在结算日，对结算价格进行评估，并发布结算声明；

f. 结算资金在一定的结算日或之前支付。

我们以矿山—投行—钢铁厂为例来解释铁矿石掉期交易的一般流程见表 11。

表 11

	在 T 月与投行签订铁矿石掉期合同
铁矿山	合同规定：在 T+n 月矿山将铁矿石卖给投资银行，卖出价格为 S1，结算价格采用到期金属导报公布的现货算术平均价格
钢铁厂	合同规定：在 T+n 月从投资银行买入铁矿石，买入价格为 S2，结算价格采用到期金属导报公布的现货算术平均价格

假设到期 T+n 月金属导报公布的现货算术平均价格为 P，可分析交易三方的损益情况：

a. 铁矿山

在 T 月，铁矿山与投行订立在未来 T+n 月将 1 万吨铁矿石卖给投行的铁矿石掉期合同，卖出价为 S1；在 T+n 月，铁矿山与投行就此笔铁矿石掉期合同进行结算。铁矿山与投行既不发生 1 万吨铁矿石的实物转手，也不发生 1 万吨铁矿石购买本金的转移，两者仅就 1 万吨铁矿石在 S1 与 P 之间的价差进行结算。

铁矿石掉期到期时，双方结清 P 与 S1 的差价，若现货市场处于上涨阶段，P > S1，则铁矿山的此笔铁矿石掉期合同亏损，亏损为（P – S1）/吨，但是由于现货上涨，铁矿山实际上在现货市场产生了盈利；若现货市场处于下跌阶段，P < S1，则铁矿山的此笔铁矿石掉期合同盈利，盈利为（S1 – P）/吨，但是由于现货下跌，铁矿山实际上在现货市场产生了亏损，这笔铁矿石掉期的盈利减少了现货市场上的亏损。

显然，通过与投行签订铁矿石掉期合同，铁矿山将 T+n 月 1 万吨铁矿石的卖出价锁定在 S1，起到了规避风险、套期保值的作用。

b. 钢铁厂

在 T 月，钢铁厂与投行订立在未来 T+n 月向投行购买 1 万吨铁矿石的铁矿石掉期合同，买入价为 S2；在 T+n 月，钢铁厂与投行就此笔铁矿石掉期合同进行结算。钢铁厂与投行既不发生 1 万吨铁矿石的实物转手，也不发生 1

万吨铁矿石购买本金的转移，两者仅就1万吨铁矿石在S2与P之间的价差进行结算。

从T月至T+n月，若现货市场处于上涨阶段，$P > S2$，则钢铁厂的此笔铁矿石掉期合同盈利，盈利为（$P - S2$）/吨，但是由于现货上涨，钢铁厂实际上在现货市场的采购成本上升，这笔铁矿石掉期的盈利显然降低了现货市场上的采购成本上升的幅度；若现货市场处于下跌阶段，$P < S2$，则钢铁厂的此笔铁矿石掉期合同亏损，亏损为（$S2 - P$）/吨，但是由于现货下跌，钢铁厂实际上在现货市场的采购成本下降。

显然，通过与投行签订铁矿石掉期合同，钢铁厂将T+n月1万吨铁矿石的买入价锁定在S2，起到了规避风险、套期保值的作用。

c. 投行

在T月，投行与铁矿山订立在未来T+n月向铁矿山购买1万吨铁矿石的铁矿石掉期合同，买入价为S1；同时，投行又与钢铁厂订立在未来T+n月向钢铁厂出售1万吨铁矿石的铁矿石掉期合同，卖出价为S2。在T+n月，投行分别与铁矿山、钢铁厂就各自的铁矿石掉期合同进行结算。投行与铁矿山、钢铁厂既不发生1万吨铁矿石的实物转手，也不发生资金的转移，仅就1万吨铁矿石在S1与P、S2与P之间的价差进行结算。

投行与铁矿山的结算后盈亏为：$P - S1$

投行与钢铁厂的结算后盈亏为：$S2 - P$

加总两笔铁矿石掉期合同的盈亏为：$P - S1 + S2 - P = S2 - S1$

由上式可见，无论T月至T+n月的市场是上涨还是下跌，投行在参与铁矿石掉期交易中，只需保证$S2 > S1$，即投行向钢铁厂出售的铁矿石价格S2高于它向铁矿山购买价格S1即可。只要铁矿石现货价格存在足够高的波动，且有足够多的铁矿山、钢铁厂、铁矿石中间商愿意参与铁矿石掉期交易，作为做市商、中介机构的投行可以获得稳定的价差收益。

- 怎么使用铁矿石掉期交易进行风险管理？

回到本节开始我们提到的宝钢和创兴的烦恼就在宝钢和创兴为规避风险

问题头疼时，一家 OTC 经纪商将两个有不同需求的交易对手撮合在一起，商定了 105.50 美元/公吨的价格，双方约定在 SGX AsiaClear 进行信用清算。

经纪商准备了一份商定的条款概要，见表 12。

表 12

买方	钢厂
卖方	铁矿石交易商
产品	铁矿石 CFR 中国掉期（62%）
数量	60 000 公吨（120 手）
合约价格	105.50/公吨
结算日期	2010 年 3 月 31 日
结算原则	合约月份现货价格的平均值

2010 年 3 月 31 日，铁矿石掉期交易到期时，铁矿石价格上涨为 106.00 美元/公吨，铁矿石掉期价格跟随铁矿石价格上涨，结算价格为 109.00 美元/公吨。钢厂和铁矿石贸易商两方的对冲结果见表 13。

表 13

对冲结果	钢厂（每公吨盈亏）	铁矿石贸易商（每公吨盈亏）
铁矿石掉期交易盈亏	109 - 105.5 = 3.5 美元/公吨	105.5 - 109 = -3.5 美元/公吨
铁矿石现货盈亏	103 - 106 = -3 美元/公吨	106 - 103 = 3 美元/公吨
总盈亏	3.5 - 3 = 0.5 美元/公吨	-3.5 + 3 = -0.5 美元/公吨

⑤海运费场外市场是如何运作的?

前面铁矿石掉期中，我们提到铁矿石指数的设计都是综合了海运费的，海运费价格对铁矿石价格指数影响之大，让我们无法忽略海运费这一领域。

- 波罗的海航交所介绍

波罗的海航交所是世界第一个也是历史最悠久的航运市场。从 1744 年诞生于美国佛吉尼亚波罗的海咖啡屋到目前设在英国伦敦的世界著名的航运交易所，它已经发展成世界最有名国际性自律的海运、船舶买卖市场。全球 46 个国家的 656 家公司成为波罗的海航交所的会员。

- 常见的运价指数有哪些?

a. 波罗的海运价指数（Baltic Freight Index，简称 BFI）。波罗的海运价指数由伦敦航运市场每天向世界公布。它是一个综合性指数，由全球传统的 12 条主要干散货船航线的运价按照各自在航运市场上的重要程度和所占比重构成。它是随着波罗的海国际运价期货交易所的设立而出现的。波罗的海运价指数以 1985 年 1 月 4 日为 1 000。最初由 13 条航线的程租运价构成，后来调整为 12 条航线。近几年来由于国际政治、经济形势的发展，使一些航线的重要程度发生了变化。为此，波罗的海航交所于 1990 年 8 月 6 日和 1991 年 2 月 5 日分别就构成运价指数的航线进行了调整，尤其是 1999 年的 9 月 1 日，波罗的海航交所将原来反映巴拿马型船和好望角型船的 BFI 指数分解成 BCI 和 BPI 两个指数，这样与已设立的大灵便型船运价指数 BHI 共同组成三大船型运价指数。

b. BCI 指数（Baltic Capesize Index），波罗的海海岬型船运价指数。吨位：8 万长吨以上；主要运输货物：焦煤、燃煤、铁矿砂、磷矿石、铝矾土等工业原料；占 BDI 权重：1/3。见表 14。

表 14　　波罗的海海岬型船运价指数（BCI）

航线	描述
C2	160 000 长吨　图巴朗港—鹿特丹港
C3	160 000 公吨　图巴朗港—青岛港
C4	150 000 公吨　理查德湾—鹿特丹港
C5	160 000 公吨　西澳—青岛港
C7	150 000 公吨　玻利瓦尔港—鹿特丹港
C8 03	172 000 公吨　直布罗陀/汉堡港　大西洋往返航次
C9 03	172 000 公吨　欧洲大陆/地中海至远东航次期租
C10 03	172 000 公吨　太平洋往返航次
C11 03	172 000 公吨　中国/日本至地中海/欧洲大陆航次期租

c. BPI 指数（Baltic Panamax Index），波罗的海巴拿马型船运价指数。吨位：5 万～8 万公吨；主要运输货物：民生物资及谷物等大宗物资；占 BDI 权重：1/3。见表 15。

表 15　　波罗的海巴拿马型船运价指数（BPI）

航线	描述
P1A 03	74 000 公吨　跨大西洋往返航次
P2A 03	74 000 公吨　斯卡角—直布罗陀港/远东
P3A 03	74 000 公吨　日本—韩国/太平洋　往返航次
P4A 03	74 000 公吨　远东/北太平洋—澳洲/韩国—帕赛罗角

d. BHSI 指数（Baltic Handymax Index），波罗的海灵便型船运价指数。吨位：5 万长吨以下；主要运输货物：磷肥、碳酸钾、木屑、水泥；占 BDI 权重：1/3。见表 16。

表 16　　波罗的海灵便型船运价指数（BHSI）28 000 公吨载重量

航线	描述
1	思科岛/巴塞罗—雷卡拉达/里约热内卢
2	思科岛/巴塞罗—波士顿/加尔维斯顿
3	雷卡拉达港/里约热内卢—思科岛/巴塞罗
4	美湾航线经美湾或南美北岸到思科岛/巴塞罗
5	东南亚航线经澳大利亚到新加坡/日本
6	南韩/日本经北太平洋到新加坡/日本

e. BDI 指数（Baltic Dry Index），波罗的海干散货运价指数的前身是波罗的海运价指数（Baltic Freight Index，简称 BFI），代表国际干散货运输市场走势的晴雨表，是目前世界上衡量国际海运情况的权威指数，是反映国际间贸易情况的领先指数。如果该指数出现显著的上扬，说明各国经济情况良好，国际间的贸易火热。前几年由于中国的经济快速发展也带动了全球经济的复

苏，全球对于原材料的需求大大增加，导致了海运的快速繁荣。2008 年初，BDI 指数高达 11000 点，而到了 2008 年底，该指数就不足 1000 点。自 2009 年 7 月 1 日起，该指数是一个组合海岬型、巴拿马型、大灵便型和灵便型干散货船期租的平均值，如图 48 所示。

图 48　2003～2016 年 BDI 指数走势图（单位：美元）

数据来源：Bloomberg。

海运市场是国际贸易的派生需求，历来经受经济周期、局部战争、突发事件等国际因素的冲击，海运市场运费价格的变动也因此难以掌控。以 2007～2008 年金融危机时期干散货市场为例，2007 年 6 月 18 日，BDI 指数一路暴跌，报收于 5,154 点的低值。随后，纽卡斯尔港口拥挤、澳大利亚干旱和中国进口巴西铁矿石等因素的叠加，致使 BDI 指数一路暴涨，不断创造历史记录，2008 年 5 月 20 创下了 11 793 点的历史新高。如此剧烈的市场波动，

足以让海运市场的参与者深刻认识到规避海运风险的重要性，海运衍生品也应运而生。

- 海运运费衍生品有哪些?

波罗的海国际运价期货、FFA（远期运费协议）和运费期权是三种主要的海运运费衍生品，其中FFA是目前交易量最大的海运运费衍生品。

a. 波罗的海国际运价期货

1985年，波罗的海航交所开设波罗的海国际运价期货市场（Baltic International Freight Futures Exchange，简写BIFFEX），开始波罗的海运费指数期货交易，其标的为波罗的海运费指数。参与者使用BIFFEX提供的标准格式合约，利用11条标准航线计算得出的波罗的海运费指数进行套期保值。BIFFEX一度得到市场的追捧，当年即创下近2万单交易量，1988年更是创下近10万单的交易记录。但其固有的套期保值效率低和流动性不足等问题，最终导致BIFFEX在2002年退出交易市场。

b. Freight Opitons（航运期权）

2005年6月，Imarex联合挪威期货和期权结算所推出最具流动性的液体散货运费远期TD3和TC2的认购和认沽的亚式期权，并推出了世界上第一个干散货运费远期PM4TC的期权合约，为规避运费风险提供了一种全新的工具。运费期权属于远期生效亚式期权，即远期生效的亚式选择权的执行价格是合约生效日后的某一时点开始至到期日（或期前某一时间）的航线运费（运费指数）的平均价格。因巴拿马型船运费经常会出现大幅度波动，新的运费期权合约也是针对巴拿马型货船而生。目前，运费期权的交易量相对较少，2006年上半年仅交易1 166票，合计交易额为0.223亿美元；但2007年第2季度，交易额已经上涨为3.52亿美元，成为运费衍生品市场中一支新生力量。

c. FFA：Forward Freight Agreement（远期运费协议）

世界运力排名第一的马士基集团，拥有202 8048 TEU，540条集装箱船舶，其中就包括世界最大的超巴拿马级货柜轮艾伦·马士基号。没有马士基号不到的地方，哪怕太平洋小岛或者一个非洲的内陆点。2009年下半年航运费一直高企，2010 年 3 月的 FFA 日租金高达 45 000 美元。马士基集团希望能利用 FFA 锁定航运利润，应该怎么操作呢？

1991 年，Clarksons 首次提出 FFA 的概念，即买卖双方针对将来某一特定时期内，具体航线上的具体船型制定的一种远期运价协议。协议规定了具体的航线、价格、数量、交割时期、交割价格计算方法等，双方并约定在未来某一时点，收取或支付依据波罗的海航交所的官方运费指数价格与合同约定价格的运费差额。

它以特定的航线指数为标的，包括 BFA Capesize（C3，C4，C5，C7，BCIT/Caverage）、BFAPanamax（P2A，P3A，BPI T/C Average）等。

FFA 交易具有以下优点：期货指数和实际运费指数变动幅度相同，可以实现"完全保值"。在双方可以根据实际需要，可以确定需保值的航线，在确定好与标准航线之间的固定差额后，即可进行套期保值；FFA 只需依旧标准合同确定时间和协议价格，具有良好的流动性等特点。

后来马士基卖出 FFA 锁定航运利润，与某租船经纪人签订 2010 年 3 月份的远期租赁合同，合同约定利用巴拿马型船从大西洋至远东航线运行。

假设合同约定天数为 90 天，合同到期时，日租金下跌至 40 000 美元/天，马士基在 FFA 交易上获取盈利为：

(45 000 - 40 000) 美元/天 × 90 天 = 450 000（美元）

FFA 市场发展状况如何？

1992 年 10 月，欧洲船东 Bocimar 和 Burwain 进行了第一份干散货 FFA 交易。

目前，干散货 FFA 交易的航线发展到波罗地海干散货 24 条航线，包括 10 条 capesize 航线，7 条 panamax 航线和 5 条 supramax 航线以及 2 条 trial 航线；液体散货的交易航线也扩大到 15 条原油航线和 6 条成品油航线。2005 年以后随着越来越多的航运公司（TMT，OCEANBULK 等）以及世界大型银行（CITIBANK，GMI 等）的介入，FFA 真正发展壮大起来，根据波罗的海航运交易所的统计，FFA 的成交占整个航运市场的 2/3，现货市场只占 1/3。

FFA 协议的主要条款包括：

商定的航线；

结算的日/月/年；

合约数量；

以何种合约差价进行结算。

FFA 交易的结算机制：

- 结算价格为波罗的海航交所在每个结算期公布的合同航线平均价格；
- 结算期是进行 6 条期租航线平均价格交易时整个月中所有指数的平均值或者在就某单独航线交易时过去 7 天平均价格结算日为合同月中最后一期波罗的海航交所发布之日；
- 结算金额等于固定价格与浮动价格之间的差乘以合同数量；
- 合约双方在结算日后的五天内进行结算。

目前进行 FFA 交易结算的交易所有：挪威期货和期权清算所（NOS）、伦敦清算所（LCH）、新加坡交易所（SGX）以及芝加哥商品交易所（CME）。

FFA 交易方式：

有场内交易和场外交易，最初源于 OTC（over the Counter）方式，即买卖双方通过经纪人进行相互协商，在双方一致的基础上，双方在进一步依据 FFABA（Forward Freight Agreement Brokers Association，远期运费合约经纪协会）合同进行最后谈判。合同的结算价格以波罗的海公布的官方价格为准，在结算日一方支付对方的运费差额。直到 FFA 在奥斯陆国际海运交易所（Imarex）上市交易，并由挪威期货和期权清算所（NOS）提供结算服务，才有了场内交易方式，买卖双方在交易所内直接进行 FFA 交易，并且在清算行进行最终差额结算。两者最大差别在于，OTC 的结算风险由买卖双方直接承担（通过清算行结算除外），场内交易的风险则转嫁到清算行身上。OTC 的买卖双方大多为大船东、大货主等主要交易商，交易活动的出发点在于套期保值，规避海运运费风险。因此，OTC 的交易量、市场价值等参数都占据 FFA 交易的绝大部分。

FFA 市场参与者主要包括四类公司：

- 航运商：从事国际大宗散货运输的航运企业和运营商。如挪威的 KLAVENESS、丹麦的 NORDEN 等。
- 贸易商：从事矿石、煤炭、粮食等大宗散货进出口的贸易企业。如世界四大粮食贸易集团：路易达孚、嘉吉、邦基和 ADM。
- 生产商：从事矿石冶炼、粮食加工、电力、炼油等大宗原材料消耗的生产企业。如世界矿业巨头 BHPB 和 RIO。
- 金融公司：各种投资银行、对冲基金和期货公司等。如高盛、摩根斯坦利等。

- 如何应用 FFA 来进行海运费风险管理？

由于现货市场和 FFA 市场的变化方向是相同的，具有高度的相关性和趋同性，可以用 FFA 交易来对现货市场进行对冲，也习惯称套期保值。

⑥场外铜衍生品介绍。与其他商品衍生品一样，铜的场外衍生品交易包括铜远期交易、铜掉期交易和铜期权交易。其中铜期权属于场内合约、场外交易，实际 LME 铜期权有场内交易和场外交易两种方式，只是场内交易成交量非常小，无法给市场参与者提供参考价格。下面我们介绍两种 LME 铜期权合约：

- 标准 LME 铜期权合约

可交割日期	从首月至63个月每月一次
交割日期	交割月份的第三个星期三
行使日期	交割月份的第一个星期三
权利金单位	美元/吨
行使价格	行使量在25美元至1 975美元内，区间为25美元
	行使量在2 000美元至4 950美元内，区间为50美元
	行使量在5 000美元以上，区间为100美元
结算货币	行使价格区间与权利金的最小价格波动可以任何结算货币计

- TAPOS成交价平均价期权

TAPOS：Traded Average Price Option，成交价平均价期权，是根据LME每月官方结算价设计的期权合约；该期权合约的结算日为合约月份到期后第一个月的第二个工作日，根据每月结算价，如果该期权处于获利状态，将自动宣布执行，客户不需要再宣布执行，该期权比普通期权便宜，一般是生产厂家购买，现在很多贸易商和消费商也开始使用这种期权。

4. 应运而生的碳衍生品

碳金融是在金融体系当中应对气候变化的一个较为重要的环节，也是实现可持续发展的一个有效的途径，低碳金融是为低碳经济的发展进行服务的。碳金融市场包含碳指标交易以及银行贷款和直接投融资范围内的对温室气体排放的各种金融以及交易活动的总称。碳金融市场的天气类金融衍生品在不断的创新，并且也在慢慢地走向成熟。各个国家的金融机构为了能够和低碳经济的发展相互契合，并帮助企业对天气风险进行管理与转移，于是就发展出了一些相关的天气类金融类的衍生品，例如发现碳排放量价格的碳信用等。

从全球碳市场的发展经验来看，碳金融衍生品市场与碳现货市场的发展相辅相成。不论是欧盟还是美国，在碳市场设计过程中均同时考虑碳现货与远期、期货等衍生品交易工具，构成完整的碳金融市场结构，使得现货与衍生品市场之间能够互相支撑。

(1) 碳远期交易

碳远期交易双方约定在将来某个确定的时间以某个确定的价格购买或者出售一定数量的碳额度或碳单位，其是适应规避现货交易风险的需要而产生的。清洁发展机制（CDM）项目产生的核证减排量（CER）通常采用碳远期的形式进行交易。项目启动之前，交易双方就签订合约，规定碳额度或碳单位的未来交易价格、交易数量以及交易时间。其为非标准化合约，一般不在交易所中进行，通过场外交易市场对产品的价格、时间以及地点进行商讨，但由于监管结构较为松散，容易面临项目违约风险。

目前有限排、减排需求的国家参与的 CDM 项目大部分为 CDM 远期项目。对我国而言，参与的 CDM 项目虽然大部分都签订了 CER 远期合约，却极少参加期货市场的套期保值，而且不通过看涨或者看跌期权规避风险。

碳远期交易与碳现货的价格密切相关，定价方式有固定定价和浮动定价两种。固定定价方式规定未来的交易价格不随市场变动而变化的部分，以确定的价格交割碳排放权。浮动定价在保底价基础上加上与配额价格挂钩的浮动价格，由欧盟参照价格和基础价格两部分构成。例如，假设双方约定 CER 底价为 8 个计价单位，且承诺平均分配配额价格溢出部分，其中固定和浮动定价的比率为 1:1，如果交易时的配额价格为 12 个计价单位，则本次远期合约的交割价格为 $8+[(12-8)/2/2]=9$ 个计价单位。

(2) 碳期货交易

①碳期货的交易原理

碳期货属于标准化交易工具，交易原理在于套期保值。购买者通过在碳期货市场进行与碳现货市场相反的买卖操作来达到套期保值的目的，锁定碳融资收益。交易双方事先将未来交易的时间、资产、数量、价格都确定下来，其具备风险规避和碳价格发现的双重功能。目前碳配额排放单位 EUAs 通常采用这种方式进行交易。碳期货交易一般在交易所中进行，也有少数参与场外交易市场交易。

与传统期货合约相比，以碳排放权作为基础的碳期货交易表现出如下三个主要特征：一是价格规律，据 Blue Next 统计，碳期货价格与碳现货价格的波动周期相符程度高；二是碳期货交易资费，碳期货交易一般面临比较多门类的手续费，其中包括管理费、交易费和清算费，如 Blue Next 交易所的管理费为 7 500 欧元/年，场内和场外交易费分别为 0.002 欧/吨、0.0015 欧/吨；三是碳期货与碳期权的关系，碳期货作为目前碳期权唯一的基础资产，其价格对期权本身价格以及期权合约的交割价格有重要的影响。

②碳期货合约

碳期货合约是由交易双方签署的、规定双方权利义务的凭证，其由九个要素构成，分别为交易品种名称与代码、交易单位、报价单位和最小变动价位、每日价格最大波动限制、交割品级、交割方式合约、交割月份、交易时间以及最低交易保证金。

交易品种名称与代码：对合约交易品种的名称进行界定，并以符号作为代表方式。国际上现有的碳相关期货品种名称与联合国清洁发展机制在术语规范上保持了严格的一致，均称为核证减排量期货。欧洲气候交易所、芝加哥气候期货交易所、纳斯达克商品事业部、美国绿色交易所、印度泛商品交易所等推出的与京都机制相联系的期货品种均称为核证减排量期货。

交易单位：期货交易所的每手期货合约代表的标的物的数量。在国际上，除了印度泛商品交易所的 CER 期货使用了每手 250 吨 CER 交易单位以外，其他诸如欧洲气候交易所、芝加哥气候期货交易所、纳斯达克商品事业部、美国绿色交易所的交易单位均为每手 1 000 个 CER 单位。

报价单位：报价单位一般根据交易所所属地来确定，如芝加哥气候期货交易所以美元为报价单位，印度泛商品交易所以卢比为报价单位，其他诸如欧洲气候交易所、纳斯达克商品事业部和绿色交易所的交易单位均为欧元。

最小变动价位：国际上各交易所的最小变动价位分别是欧洲气候交易所0.01欧元/吨、芝加哥气候期货交易所0.01美元/吨、纳斯达克商品事业部0.01欧元/吨、美国绿色交易所0.01欧元/吨、印度泛商品交易所50派士/吨。

每日价格最大波动限制：对于碳期货最大波动限制较为宽松，欧美核证减排量期货不限制每日价格波动范围，印度则执行了日内4%、6%和9%的阶梯式限制的某种复杂设定。

合约交割月份：国际上合约交割月份大都以3个月作为间隔，印度泛商品交易所核证减排量期货的合约交割月份设定为2月、5月、8月和11月，而欧洲气候交易所、芝加哥气候期货交易所、绿色交易所、纳斯达克商品事业部的合约月份都是3月、6月、9月和12月。在一般的期货交易中，也存在交割月份按月计算。

交易时间、最后交易日和交割日期：欧美交易所普遍设计成交割月的最后一个星期一（如果该日是非交易日，那么最后交易日为上一个星期一），印度泛商品交易所则把交割月的日历日期25日作为最后交易日（如果该日为非交易日，那么最后交易日为上一个交易日）。

交割品级：交割品级是指由期货交易所同意规定的、准许在交易所上市交易的合约商品的质量等级。国际上同类期货交割品级要求均以欧洲气候交易所的要求为准，该交易所要求可供交割的核证减排量必须是由联合国清洁发展机制理事会签发，但拒绝其中装机容量超过20兆瓦以上的水电项目、土地利用变更和森林（LULUCF）项目和核电项目。

交割方式：碳期货交割主要有两种交割方式：现金交割和实物交割。欧美、印度的同类期货交割最终以在官方排放贸易登记处的核证减排量“过户”为标记，交易所仍然扮演买卖双方履约对手的角色。

最低交易保证金：最低交易保证金有比例保证金和定额保证金两种形式。欧美碳期货交易保证金的规定采用确定金额，例如绿色交易所投机客户的开仓保证金是743欧元，维持保证金是675欧元；套期保值客户开仓保证金和维持保证金均为 675 欧元。

(3) 碳期权交易

①碳期权的交易原理

与传统的期权合约不同，现存的碳期权实际是碳期货期权，即碳期货基础上产生的一种碳金融衍生品。碳期权的价格依赖于碳期货价格，而碳期货价格又与基础碳资产的价格密切相关。首支碳期权是 2005 年 EXC 推出的 EUA 期权。全球金融市场的动荡所带来的避险需求，吸引工业企业、能源交易公司以及基金等经济实体参与，碳期权产品及市场功能愈加多元化、复杂化。

碳期权的交易方向取决于购买者对于碳排放权价格走势的判断。以 CER 期权为例，当预计未来 CER 价格上涨时，CER 的卖方会购买看涨期权对冲未来价格上升的机会成本，如果未来 CER 价格下降，通过行使看涨期权 CER 卖方获得收益。期权的购买者能够通过区别购买看涨期权或者看跌期权锁定收益水平。此外，还可以通过对不同期限、不同执行价格的看涨期权和看跌期权的组合买卖来达到锁定利润、规避确定风险的目的。碳期权除了具备碳期货一样的套期保值作用以外，还能使买方规避碳资产价格变动时带来的不利风险，同时从碳资产价格利好中获益。

②碳期权合约

碳期权合约是由交易双方签署的合法凭证，规定期权的买方向卖方支付一定数额的权利金后，即可获得合约有效期内的选择权。目前比较常见的合约为 EUA 期货期权、CER 期货期权以及 ERU 期货期权。与碳期货合约相似，其由如下要素构成。

交易品种名称与代码：由于碳期权是基于碳期货合约而设立，所以交易品种名称根据期货的合约不同而不同，正如上文所提到的，碳期货的通用名称为核证减排量期货，故而全球各大交易所推出的与京都机制相联系的期权品种均称为核证减排量期货期权。

交易单位：交易所一般以手作为交易单位，而每手代表的核准减排量有所不同。在国际上，除了印度泛商品交易所使用了每手 250 个核证减排单位以外，其他主要交易所的交易单位均为每手 1 000 个核证减排单位。

报价单位：报价单位一般根据交易所报价所采用币种，如芝加哥气候期货交易所以美元为报价单位，印度泛商品交易所以卢比为报价单位，而欧洲气候交易所、纳斯达克商品事业部和绿色交易所的交易单位均为欧元。

最小变动价位：最小变动单位即为价格变动的最小单位。国际上各交易所的最小变动价位分别是欧洲气候交易所 0.01 欧元/吨、芝加哥气候期货交易所 0.01 美元/吨、纳斯达克商品事业部 0.01 欧元/吨、美国绿色交易所 0.01 欧元/吨、印度泛商品交易所 50 派士/吨。

每日价格最大波动限制：国际上对于碳期权最大波动限制较为宽松，欧美核证减排量期货期权不限制每日价格波动范围，印度则执行了日内 4%、6% 和 9% 的阶梯式限制。

合约交割月份：国际上碳期权合约分为季度合约和月度合约。季度合约中，欧洲气候交易所、芝加哥气候期货交易所、绿色交易所、纳斯达克商品事业部的合约月份都是 3 月、6 月、9 月和 12 月，而印度泛商品交易所核证减排量期货的合约交割月份设定为 2 月、5 月、8 月和 11 月。

交割方式：碳期权交割主要有两种交割方式——现金交割和实物交割。欧美、印度的同类期权交割最终以标的期货所有权转移为标记，交易所仍然扮演买卖双方履约对手的角色，而现金交割则是由交易双方根据价格进行现金结算。

(4) 碳互换交易

碳排放权互换是指交易双方通过合约达成协议，在未来的一定时期内交换约定数量不同内容或不同性质的碳排放权客体或债务。投资者利用不同市场或者不同类别的碳资产价格差别买卖，从而获取价差收益。

碳排放权互换的产生主要基于两个原因：一为目标碳减排信用难以获得；二为发挥碳减排信用的抵减作用。由此产生两种形式碳排放互换制度安排：一是温室气体排放权互换交易制度，政府机构或私人部门通过资助国家减排项目获得相应的碳排放减排信用，该机制下碳排放权客体是由管理体系（如联合国执行理事会）核准认证后颁布；二是债务与碳减排信用互换交易制度，债务国在债权国的许可下，将一定资金投入于碳减排项目，其实质上是债务国和债权国之间的协议行为。

第一种形式是通常意义上的互换交易制度，以欧盟碳排放交易市场为例，其于2004年对EU－ETS指令进行修正，以增强与《京都议定书》的协调性。该指令允许EU－ETS下的排放实体能够利用清洁能源机制CDM和联合国履约机制JI中获得的减排信用履行减排义务，即欧盟成员国可以利用CDM项目从发展中国家或未参与强制减排的国家购买减排信用，达成减排任务，此举增强了成员国减排方式的可选择性。单就EU－ETS市场而言，CDM产生的CER可以进入EU－ETS进行交易，EUA和CER可以进行互换。具体而言，当减排目标不能通过本国减排能力达成的时候，其可以通过投资清洁能源项目，获取由此而产生的CER，通过EUA和CER对应比例的互换协议达成互换。而第二种形式的互换，则发生在具有特定债权债务关系的国家之间。

5. 天气类衍生品知多少

天气类衍生品的价格是根据多项气候条件参数，如温度、降雪量、飓风或降雨量等相关数值来进行计算得到的。其中，基于温度的期货合约在美国CME交易所天气类衍生品中占有重要的地位，该类合约是基于一系列美国及欧洲主要城市（如纽约、芝加哥、伦敦等）的温度数据来计算的。最常见的CME天气衍生品，包括以采暖日指数（HDD）或制冷日指数（CDD）作为标的的合约。这些合约的损益计算是基于在特定日期范围内（比如一个月）每日温度相对于18摄氏度（约64华氏度）的累计差异。18摄氏度的指定水平设置是因为能源部门认为，这是有家庭开始使用暖气或空调制冷的临界温度。如果期间累积平均温度低于指定水平，HDD 买方可以获得盈利，反之 CDD 买方可以获得盈利。这看起来矛盾，其实很好理解，因为当温度低于（高于）指定水平时开始取暖（制冷）。

天气衍生品的主要参与者包括公用事业公司和保险公司等，他们的成本和收益受天气状况影响较大。例如，电力公司通常以固定的价格为客户供电，但电的批发价格可能会随极端天气条件大起大落。CDD 合同可以在极高气温下提供电力价格波动避险对冲。类似的，在异常低温天气时，HDD 合同是一种有效的避险工具。

天气衍生品的估值定价与其他金融产品有所不同。传统资产，如股票、债券和商品期货的价格会基于利率、资产收益率、存储成本等参数来计算。主要逻辑是，有两种方式可以在将来的某一时刻获取相关资产。要么现在借入资金购买并将其存储，要么通过期货合约在日后购买资产。根据无套利原理，这两种方法的成本应该是等价的。根据此原理可以对许多金融衍生品进行估值和定价。天气衍生品的标的资产不是作为实物的存在，例如对于诸如 HDD 或 CDD 等天气合同，相关资产没有任何方式来存储，因此不适用于这种方法。关于天气衍生品的定价获得了不少学术界的研究关注，因为它们代表一个独特的定价问题。基于前面的分析，无套利原理定价方法不适用于天气衍生品合约。天气衍生品通常使用的定价方法是基于统计模型来进行的，通过统计模型产生出可能的天气情况范围，计算在不同天气情况下的损益情况，并进行概率加权分析，再折现得到当前的天气衍生品价格。折现率的高低通常由市场决定。

天气衍生品可以帮助企业管理特定的天气风险，因此具有很大的经济意义。虽然天气期货和期权合约目前在整个衍生品市场交易中占比例相对较小，但随着越来越多的企业开始认识到天气和企业经营利润之间的关系，天气类衍生品正在经历着快速的增长。

后　记

历经5年多的辛勤工作，《“讲故事　学期货”金融国民教育丛书》终于与读者见面了！

《“讲故事　学期货”金融国民教育丛书》用图书的方式，打造了一套具有标识性的投资者教育产品，在系统、全面介绍期货行业全貌、入市应知应会的基础上布局亮点，力图用通俗易懂的语言、生动有趣的故事案例将期货知识介绍给读者，尽量避免深奥的理论阐述。

本丛书由中国期货业协会期货投资者教育专项基金资助。中国证监会投资者保护局、期货部自始至终关注期货业协会投教基地的建设和投教新产品的推出；协会领导对丛书编写工作给予高度重视和大力支持；洪磊会长多次对编写工作给出指导意见。中国期货业协会投资者教育委员会部分委员参与了丛书评审。中国财政经济出版社负责出版工作。

本书由阎石负责主要撰稿任务，邵永同等在不同阶段参与了具体撰写工作。

鉴于水平所限，呈现给大家的书稿可能仍未达到期望。在此，我们诚恳地向读者征求意见和建议，以便在以后修订的过程中继续提高。如有错误疏漏之处，敬请读者批评指正。

“讲故事　学期货”金融国民教育丛书编写组

2021年8月